縄文の神が息づく

一宮の秘密

戸矢学
Toya Manabu

方丈社

縄文の神が息づく一宮の秘密 ―目次

三章 東山道の神々

四章 北陸道の神々

五章 山陰道の神々

六章 山陽道の神々

七章 南海道の神々

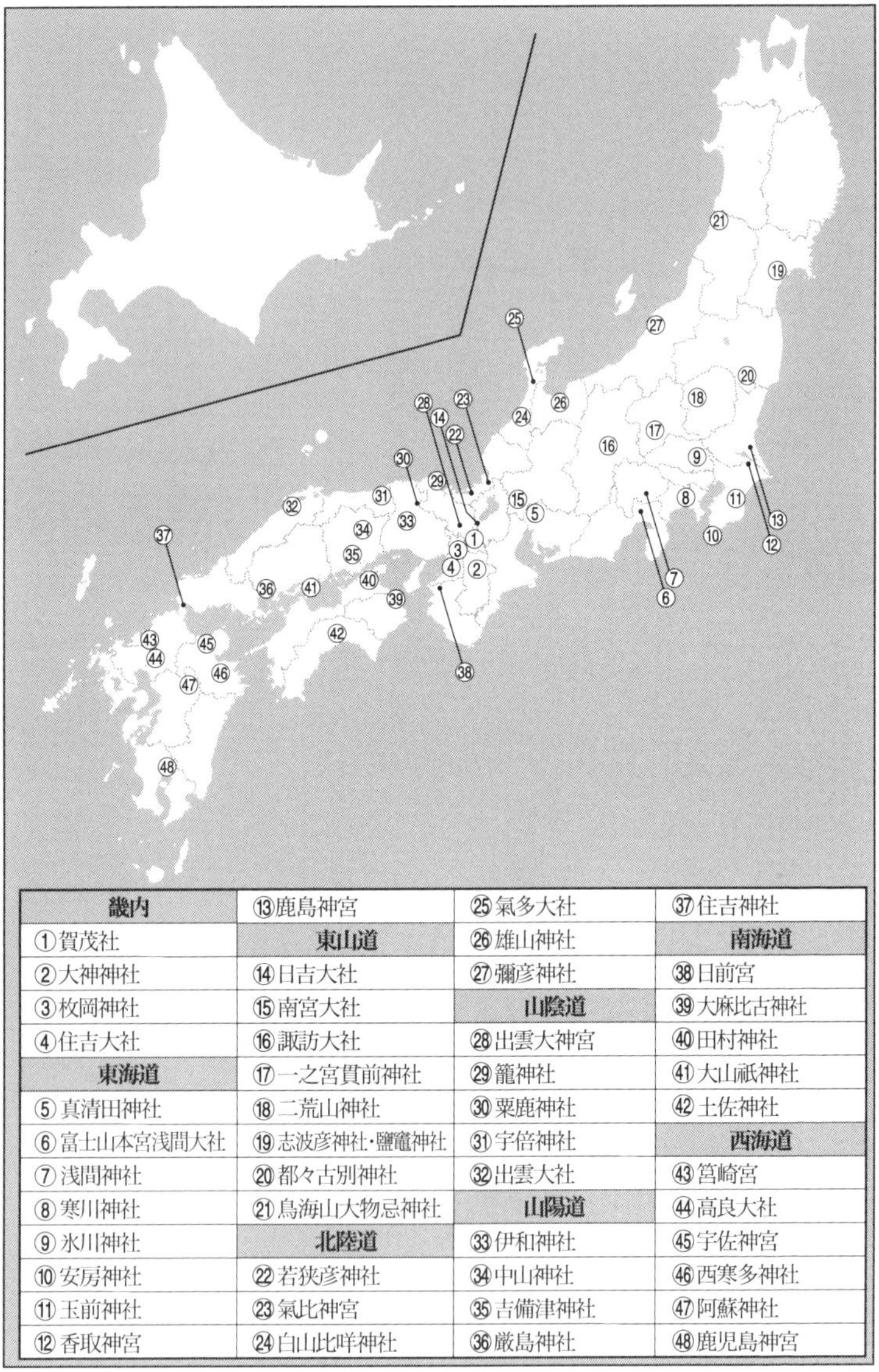

畿内	⑬鹿島神宮	㉕氣多大社	㊲住吉神社
①賀茂社	**東山道**	㉖雄山神社	**南海道**
②大神神社	⑭日吉大社	㉗彌彦神社	㊳日前宮
③枚岡神社	⑮南宮大社	**山陰道**	㊴大麻比古神社
④住吉大社	⑯諏訪大社	㉘出雲大神宮	㊵田村神社
東海道	⑰一之宮貫前神社	㉙籠神社	㊶大山祇神社
⑤真清田神社	⑱二荒山神社	㉚粟鹿神社	㊷土佐神社
⑥富士山本宮浅間大社	⑲志波彦神社・鹽竈神社	㉛宇倍神社	**西海道**
⑦浅間神社	⑳都々古別神社	㉜出雲大社	㊸筥崎宮
⑧寒川神社	㉑鳥海山大物忌神社	**山陽道**	㊹高良大社
⑨氷川神社	**北陸道**	㉝伊和神社	㊺宇佐神宮
⑩安房神社	㉒若狭彦神社	㉞中山神社	㊻西寒多神社
⑪玉前神社	㉓氣比神宮	㉟吉備津神社	㊼阿蘇神社
⑫香取神宮	㉔白山比咩神社	㊱厳島神社	㊽鹿児島神宮

まえがきにかえて

一宮《いちのみや》から古代が見える

神社の歴史は意外と新しい。現在、神社本庁に登録されているもので総数は約八万社であるが、明治期に神社合祀がおこなわれる以前は二〇万社以上あった。しかし、神社についての最古の統計的記録ではその一〇〇分の一ほどの数である。

九二七年完成の「延喜式神名帳《えんぎしきじんみょうちょう》」に記載された神社（延喜式の内に録された神社という意味で「式内社《しきないしゃ》」という）は全国で二八六一社（三一三二座）である。しかもこのうち名神大社《みょうじんたいしゃ》（とくに霊験あらたかとされる神）とされるものは、二二四社（三一〇座）である。これらが神社の公式数としては最古の記録である。

この式内社とは別に「一宮《いちのみや》」という称号がある。律令制の一つの国ごとに最上位の神を第一の宮と呼称したものである。ただし、この一宮という称号には公的保証はなかった。自然発生的に各地方で唱えられたもので、幣帛《へいはく》（幣束《へいそく》や布帛《ふはく》）が朝廷や国府から奉献されるようになるのは後付けである。つまり、社によっては律令政府の誕生より古いものもあるということである。

式内社の大社で最古とされる神社の中にも、創建の由来が判然しないほど古い神社が少なからず存在する。そしてこれらのほとんどは各地の「一宮」と重複する。すなわち「一宮」は、各地域で最も古く由緒ある存在であって、文献のない時代から各地域の人々の信仰によって成り立っていたものである。いわば神道信仰の原点であると言っても良いだろう。

一宮号そのものは、一一世紀から一二世紀にかけて成立したというのが通説であるが、はたしてどうだろう。地域流域等において古来霊験がいちじるしいとされている神を「一位の神」と呼んだのは、同様に最も大切な樹木を「イチイの木」と呼んだのと共通するだろう。

一宮の鎮座する地は、一宮、一の宮、一ノ宮、一之宮、大宮等々の地名としても刻印されて各地に残っている。わが国で現存する最古の文献は七世紀成立であるので、呼び習わされた地名がそれらよりもはるか以前であることは明白である。ということは、地名が先か、鎮座が先かと問われれば、例外はあるにしても、基本的には鎮座が先であるだろう。その神があって、その鎮座地は一宮と呼ばれたわけである。

ちなみに、神社名（通称含む）に「一宮」が含まれるものだけで八五社。一宮神社（山形県、他）、一宮八幡神社（福島県）、一宮賀茂神社（山梨県）、飛騨一宮水無神社（岐阜県）、上一宮大粟神社（徳島県）など。

鎮座地名に「一宮」が含まれているものは、三一九社。千葉県長生郡一宮町、山梨県笛吹市一宮町、愛知県一宮市、兵庫県穴粟市一宮町、岡山県岡山市一宮、香川県高松市一宮町、他。ただしこちらは、同じ地名内に鎮座する神社すべてを数えているので、正確には「一宮の地名に鎮座している神社の総数」というべきだろう。

根拠が何もなくて一宮という呼び名は生まれない。「一」にも「宮」にも、明確な意味があるからこその呼称であるのだから、すなわち地域の人々に古来そのように認識されていたという証しである。

しかも一宮は、全国で一〇〇社に満たない数である。一宮を系統立って記した最古の資料である『大日本国一宮記《だいにほんこくいちのみやき》』（室町時代成立とされる）によれば、その数わずか六七社である。しかもそのうち、延喜式の名神大社であるものはさらに少ない。それらを研究するならば、神社というわが国独自の存在が、歴史的にも文化的にも何を意味するものなのか、きっと明らかになるだろう。

ただし私は、さらにもう一つの網をかけた。一宮に政治的に列せられたものを除外するのである。これをおこなうとその数はさらに減る。詳細は後述するが、これこそが神社信仰の根源の姿なのだ。

ということは、ここにいう「一宮」の秘密を探れば、日本人の信仰の秘密に迫ることにもなるだろう。一宮には、最も古き神々の痕跡が色濃く残り、それはその後の日本人の精神文化に大きな影響を与えているだろう。精神文化の主軸の一つであり、根幹により近いものであるだろう。

一宮という視点から見える独特の世界、これが本書の視座である。この視座から展望する日本および日本人の姿は、これまで私たちに固定されていた観念とはだいぶ異なるはずである。私がそれに気付いたのもさほど古い話ではなく、思い立って「一宮巡り」を始めて、三〇社ほどを数えた頃である。それぞれの信仰の姿はそれぞれに敬虔《けいけん》なものではあるが、その祀《まつ》られ方や来歴（縁起）に大きな格差があることに違和感を覚えずにいられなかったからである。

各地の一宮に祀られる古代神の呼び声に耳を傾け、縄文信仰（粟の祭り）から弥生信仰（稲の祭り）を経て、現在にまで連綿と続く神道の本質を浮かび上がらせるための試みであり、端緒にしたいと考えている。

おりしも今年は一世一度の大嘗祭《だいじょうさい》がおこなわれるが、一宮にこそ、祭祀の本質がいまなお存することで、大嘗祭の意義もあらためて認識されることだろう。大嘗祭は天皇の祭りであるが、同時にすべての日本人の象徴となる意義が込められていることも明示したい。

延喜式《えんぎしき》「神名帳《じんみょうちょう》」

神道の行事《ぎょうじ》や祭式《さいしき》、また祝詞《のりと》や神社の有職故実《ゆうそくこじつ》についてはまことに複雑で、しかし理にかなった規則がある。それらは古代から自然発生的に、あるいは慣習としておこなわれて来たものが、さらに年月を経て集成され統合されて完成されたものである。

その決定版ともいうべきものが『延喜式』五〇巻で、すでに今から約一一〇〇年前の延長五（九二七）年に奏進され、康保四（九六七）年に施行されている。それ以来現在にいたるまで、細部の改変は多少あったが、これがおおむね神社神道の基本になっている。

延喜式とは律令制時代の法制書で、三代格式《きやくしき》（弘仁《こうにん》・貞観《じようがん》・延喜《えんぎ》）の最終のものである。「法制書」といっても、現在のそれとは違ってかなり多くの部分が祭祀に関することである。というのは、古代・上代の日本は祭事と政事とは同一の「まつりごと」であって、祭祀者でなければ政務を執ることは許されなかった。当時は、天皇が文字通りの国王でもあったが、天皇の立場は何よりもまず祭祀者であった。これは天孫迩迩芸命《ににぎのみこと》以来一貫する天皇の使命である（現代においても使命は変わることはない）。

延喜式は全五〇巻から成るが、とくに最初の一〇巻は「神祇式（神祇官関係の式）」であって、神社神道の根本資料の第一である。以下にその内容を簡単に記す。

▼巻一・巻二　定例祭（四時祭など）上下

大祀・中祀・小祀の内容と、その祭日の定め。また、神饌《しんせん》（食物）・幣帛《へいはく》（布など）の供物の品目や数量の定め。その他。

▼巻三　臨時祭（四角祭・四境祭など）

臨時祭について、前項と同じことを定める。また、祀職・供物の調進・触穢・神社修理などについての定め。

▼巻四　伊勢大神宮

伊勢神宮についての定め。宮社・祀職・摂社・祭祀・式年遷宮《しきねんせんぐう》・神田など。

▼巻五　斎宮《さいくう》（いつきのみや・いわいのみや）

伊勢神宮の最高の職である斎王《さいおう》（いつきのみこ）についての定め。天皇が即位した時に斎王もたてられる。未婚の皇女から選ばれた。

▼巻六　斎院司《さいいんし》

賀茂大神の斎王についての定め。右に同じ。

▼巻七　践祚大嘗祭《せんそだいじょうさい》

天皇の即位に際して行う大祭祀・大嘗祭についての定め。

▼巻八　祝詞

恒例諸祭の祝詞二七篇を所載。

▼巻九・巻十　神名帳《じんみょうちょう》上下

とくにこの二巻を「延喜式神名帳《えんぎしきじんみょうちょう》」と通称する。当時の官社である二八六一社（三一三二座）のすべてを所載する。ここに所載の神社を「式内社《しきないしゃ》」という。

式内社は、延喜式の成立当時には、「官幣社（朝廷から幣帛を受ける公認の神社）」としてすでに周知されていたということになる。すなわち政治的機関でもあった。

これに対して、「延喜式神名帳」には収載されていない神社は「式外社《しきげしゃ》（延喜式の外の神社）」と呼ぶが、なかには名神大社と同格の神社もあった。これらは朝廷の祭祀圏外にあったということであって、たとえば熊野那智大社は独自の信仰勢力によって成り立っており、また石清水《いわしみず》八幡宮は僧侶の支配下にあった。

したがって、式内社という呼称・称号は「延喜式」成立年である延長五（九二七）年以降に誕生したと解釈可能で、「公的格付けの最古形」であるといえる。

ただし、「一宮」は必ずしも「式内社」より新しい呼称ではない。すでに往古よりその地元において第一の宮と認識あるいは通称されていて、その現実をふまえて式内社《しきないしゃ》とりわけ名神《みょうじん》大社として選定されたとも考えられるからである。

そして日本列島の中央構造線に沿って一宮が鎮座しているのは偶然ではない（※拙著『縄文の神』『東京ミステリー』等を参照されたし）。これが私の指摘するように、地震との関係によるものであるとすれば、まことに不思議な現象であるだろう。一宮の創建についての由来としても、また弥生時代にすでに地震の感知について中央構造線を認識していたという点においても、である。

公的には、古代律令制の広域行政区画である畿内七道《きないしちどう》（五畿七道《ごきしちどう》）の各国において第一の神社を「一宮」と称することとした。そして九二七年には延喜式において大社・中社・小社等が公式に定められるので、両社が並立することになる。さしずめ民間主体の呼称が一宮であるともいえるだろう。ただし一宮の多くは延喜式以前にすでに呼称が定着しており、大部分はそれを追認・採用したと思われる。

畿内七道《きないしちどう》（五畿七道《ごきしちどう》）とは、畿内（山城国、大和国、河内国、和泉国、摂津国）を筆頭に、東海道、東山道、北陸道、山陰道、山陽道、南海道、西海道の七道である。天長一（八二四）年以後、六六国二島となり、国の合計数は六八カ国であった。ちなみに北海道はそれまでの七道にならって八道目として明治二年に新たに追加制定されたもので、旧国名の地域は存在しない。したがって一宮も明治まで存在しない。

なお延喜式において、行政区分上の「国」を、それぞれの国力に応じて「大国」「上国」「中国」「下国」の四等級に分類した。この等級にしたがって、行政にあたる国府の規模も定められたので、これも信仰規模や歴史的重要性の重要な判断基準となる。「下国」は九国あり、本書ではこれも除外する。

一宮の起源

神社の総数は、明治に入って、いわゆる「神社合祀令」が出された時点で、二〇数万社存在していたことが確認されている。届け出されていないものも相当数あったはずなので、おそらく総数は三〇万社近くであったと思われる。延喜式神名帳に記載の神社総数（式内社総数）が二八六一社であるから、約九〇〇年間でおよそ一〇〇倍に増えたことになる。つまり、この期間こそは神社信仰が最も隆盛をきわめた期間ということであるだろう。

ただしこれらは国家が管理する「官社」であって、幣帛を政庁から受けている神社である。これらとは別に、数は少ないが「民社」もある。たとえば先に挙げた熊野那智大社はこれら式内社に劣らず古い創建であるが、熊野坐神社《くまのにます》（熊野本宮大社）と熊野速玉大社の二社のみ所載されており、熊野那智大社の記載はない。

しかもこれほどの古く大きな信仰でありながら、なぜか熊野三社はいずれも「一宮《いちのみや》」ともされていない。

ちなみに紀伊国の一宮は日前宮《にちぜんぐう》である。丹生都比売《にうつひめ》神社と伊太祁曽《いたきそ》神社も一宮であるとされており、一宮が一国に三社というのは他に例がない（※詳細は本文で後述）。にもかかわらず、熊野は数えられていない。早くから神仏習合であったことも影響しているのかもしれない。

なお、一宮の多くは、一宮と呼称される以前からすでにその地域では特別に篤い信仰を集める神社であったところが多い。たとえば下総《しもうさ》国は国府は市川であったが、一宮・香取神宮ははるか遠方に鎮座している。信濃国の一宮・諏訪大社も国府の所在する松本からこれもかなり離れている。いっぽうで伊豆国一宮・三嶋大社や、尾張国一宮・真清田《ますみだ》神社などは国府にほど近い。これは本来的な信仰よりも政治的な位置付けによるところがあったと解釈して良いだろう。

本書では、むろん前者をより重視する。なぜならば、国府が設置されたのは早いものでも奈良時代であって、本書が対象とする「根源社」の根源性はそれよりさらに古い起源であるからだ。それでも成り立ちには前後あって、有力神社がまずあって、その近くに国府を設置するという逆転現象もあったかもしれない。ただ、仮にそうであったとしても、律令政府の機関として吸収されたことによって、信仰は変質せざるをえなかったことだろう。古来の信仰を貫いてその後も長く崇敬されている神社（諏訪大社、他）と、政府と一体となって変質せざるをえなかった神社（真清田神社、他）とは、根源性において大きく異なるに違いない。

いずれにしても一宮とは、諸国の各国内で第一位にあった神社のことであり、自然発生的に生まれた呼称である。したがってその起源は各社によって異なり、官制の社格である延喜式や官国幣社制においては必ずしも高位にないものも一宮となっている。それでも不思議なことに、式内社や官国幣社よりも一般に耳に馴染んでいる呼称であるのは、やはり「民制」によるゆえであるだろうか。古くからの数え歌でも子供たちに馴染んでいたが、今は知る人も少ないかもしれない。

「〽一番はじめは一宮　二また日光東照宮　三は讃岐《さぬき》の金比羅《こんぴら》さん　四は信濃の善光寺　五つ出雲の大社《おおやしろ》　六つ村々鎮守様　七つ成田の不動様　八つ八幡《やわた》の八幡宮　九つ高野の弘法さん　十は東京招魂社（靖国神社）」（※伝承によって多少内容は異なる）

大事な願掛けをおこなうなら、この順番でこれらの社寺にお参りすると良いというような民間信仰であろう。私も幼児期に子守の女性から刷り込まれていまだに暗誦しているくらいであるから、日本人一般の信仰心に少なからぬ影響をもたらしているのではないかと思う。むろん語呂合わせが優先されているので順番は上位下位とは関係ないが、固有名詞でなく示されているのは「一宮」と「鎮守様」だけである。しかもこの両者は、全国に遍在している。

ちなみに現在私たちが承知し認識している神社信仰は、ほとんどが明治になってからのものである。明治政府によって宗教体制が新たに整備されて、新たな官国幣社制度と共に成立した。神社参拝の際の常識ともなっている「二礼二拍手一礼」の拝礼方式に統一されたのもこの時である。すなわち、まだ百数十年しか経っていない新しい信仰なのである。この時に全国のほとんどの神社が御神体を鏡に変更させられた。古来の御神体と共存する社もあったが、完全に変更してしまった社も少なくない。これはいわば象徴的な事件である。

すなわち今から一〇〇〇年余もさかのぼれば、由緒深い神社というものはきわめて限られてくるということになる。式内社にはかなり小さなものも厳格に記載記録されているので、大多数の神社はそれ以後に創建されたものということである。

そしてその中でも特に重要な神社は「名神大社」であるとすでに指摘した。官社として第一の地位にある。

さらに、民社として第一の地位にあるものは「一宮」であるとこれも右に指摘した。

ならば、名神大社であり、同時に一宮であるものこそは、最も重要な神であろうと考えられるだろう。おそらくは一宮であることが先であろうと考えられるが、歴史的制度としては名神大社であることが先であるかのようで、「一宮であり、かつ名神大社・大社である」という条件であるならば、いずれが後先であるかに関わりなく第一たるにふさわしいと言えるだろう。

次頁の写真は駿河《するが》国一宮の富士山本宮浅間《ふじさんほんぐうせんげん》大社であるが、いうまでもなくその信仰は富士山そのものを崇敬するものである。そして富士山が現在のような秀麗な山容・姿となったのは、山頂部からの大規模噴火が最後にあった二三〇〇年前、その頃であるだろう。したがって、弥生時代初頭に

富士山本宮浅間大社の正面大鳥居から見える富士山

富士山山頂の浅間神社・久須志宮・東北奥宮

はすでに霊峰・神山として崇敬されていたと思われる（それ以前から特別な畏怖の対象ではあったはずである）。当然ながら他に比較する存在のない、圧倒的な信仰対象であったことだろう。「一位の宮」という認識が自然に生まれて何の不思議もない。延喜式で官制の格式が制定されるのは、それから一三〇〇年以上も後のことである。

これとは逆に、歴史は浅いが境内の規模も巨大であり、かつ全国から篤い崇敬を受けている神社ももちろんある。たとえば橿原《かしはら》神宮は、初代天皇である神武《じんむ》帝を祭神として明治二三（一八九〇）年に創建されたものであるが、当初から官幣大社とされている。つまり、国家による政治的意味合いのきわめて強い神社である。

あるいは、明治神宮はさらに歴史は浅く、創建は大正九（一九二〇）年であるが、多くの国民の篤志によって樹木や労務の寄進を基盤に建設された。しかしご存じのように、きわめて境内規模も崇敬状況も大きく、官幣大社の中でも屈指のものである。

つまり、神社は常に新たに創建され続けているのであって、必ずしも古代の遺物というわけではない。とりわけこの二社は「歴史は浅いけれども大社である」という象徴的な神社である。

これらと同様の創建事情は、様々な時代において、様々な神社でともなっているのだが、私の研究テーマではないし、神道信仰の原点・源流を求める本書のテーマからも乖離《かいり》しているので、ここでふれるのみで、これ以上は踏み込まない。ひとくちに「神社」といっても、これほど意味・意義の異なるものもあるということは認識しておいていただきたい。極論すれば、「延喜式神名帳」に記載されていても、それらすべてが神社神道の淵源を求める手掛かりとなるわけではないのだ。なにしろ、延喜式でさえ、その成立は一〇世紀である。一宮の多くは、そのはるか以前に創建されている。なかにはさらに一〇〇〇年以上遡るものさえ存在するのだ。

ちなみに延喜式後、「名神《みょうじん》」の称号は早くに消滅している。仏教の意味合いを含む「明神《みょうじん》」と混用されたこともあり、また「二二社」へと政治的に置き換えられたことも要因であろう。いずれにしても名神号は律令制と一体のものであったので、必ずしも復活が妥当なわけではない。むしろ、「一宮（二宮・三宮）」という称号に吸収されたと考えたほうが良いかも知れない。

一宮から根源社へ

そこで本書では、

「下国以外において一宮であり、かつ名神大社・大社であった神」

についてのみ採り上げることとする。これによって、他の類書とは異なる独自の基本方針となるだろう。

そしてその条件に合致するのは、わずかに四八社である。これらを私は「根源社」と呼んでいる。

以下に、その社名を挙げておこう。本文ではさらに絞った形で採り上げるが、これが本書で採り上げる「根源社」の一覧である（※なお、現在の地方名・都府県名と完全には一致しないため、旧地方名・旧国名による区分をそのまま踏襲する。各社の末尾に付した住所は現在のものであるので、参考にされたい）。

【畿内】四社

山城国　賀茂社
　賀茂《かも》別《わけ》雷《いかづち》神社（上賀茂神社／一宮・名神大社）京都府京都市北区上賀茂本山
　賀茂《かも》御祖《みおや》神社（下鴨神社／一宮・名神大社）京都府京都市左京区下鴨泉川町
大和国　大神《おおみわ》神社（一宮・名神大社）奈良県桜井市三輪
河内国　枚岡《ひらおか》神社（一宮・名神大社）大阪府東大阪市出雲井町
和泉国　なし　※下国であるため
摂津国　住吉《すみよし》大社（一宮・名神大社）大阪府大阪市住吉区住吉

【東海道】九社

伊賀国　なし　※下国であるため
伊勢国　なし　※一宮・椿大神社《つばきおおかみやしろ》・都波岐《つばき》神社は小社
志摩国　なし　※下国であるため
尾張国　真清田《ますみだ》神社（真墨田神社／一宮・名神大社）愛知県一宮市真清田

三河国　なし　※一宮・砥鹿《とが》神社は小社
遠江国　なし　※一宮・小国《おくに》神社、事任《ことのまま》八幡宮はともに小社
駿河国　富士山本宮浅間《ふじさんほんぐうせんげん》大社（浅間大明神／一宮・名神大社）静岡県富士宮市宮町
伊豆国　なし　※下国であるため
甲斐国　浅間《あさま》神社（一宮・名神大社）山梨県笛吹市一宮町一ノ宮
相模国　寒川《さむかわ》神社（一宮・名神大社）神奈川県高座郡寒川町宮山
武蔵国　氷川《ひかわ》神社（一宮・名神大社）埼玉県さいたま市大宮区高鼻町
安房国　安房《あわ》神社（洲崎大明神／一宮・名神大社）千葉県館山市大神宮
上総国　玉前《たまさき》神社（一宮・名神大社）千葉県長生郡一宮町一宮
下総国　香取神宮《かとりじんぐう》（一宮・名神大社）千葉県香取市香取
常陸国　鹿島神宮《かしまじんぐう》（一宮・名神大社）茨城県鹿嶋市宮中

【東山道】八社

近江国　日吉《ひよし》大社（※一宮は建部《たけべ》大社であって日吉大社は二宮であるが本書では当国のみこちらを認定）滋賀県大津市坂本
美濃国　南宮《なんぐう》大社（南宮神社／一宮・名神大社）岐阜県不破郡垂井町宮代
飛騨国　なし　※下国であり、一宮・飛騨《ひだ》一宮《いちのみや》水無《みなし》神社は小社

信濃国　諏訪《すわ》大社（南方刀美《みなかたとみ》神社／一宮・名神大社）長野県諏訪市中洲宮山、他三カ所

上野国　一之宮貫前《いちのみやぬきさき》神社（抜鉾神社／一宮・名神大社）群馬県富岡市一ノ宮

下野国　日光二荒山《ふたらさん》神社（一宮・名神大社）栃木県日光市山内　※宇都宮二荒山《ふたあらやま》神社も論社であるが当社を比定

陸奥国　志波彦《しわひこ》神社・鹽竈《しおがま》神社（同一境内社／志波彦神社は名神大社、鹽竈神社は一宮）宮城県塩竈市一森山

都々古別《つつこわけ》神社（八槻《やつき》都々古別神社）（一宮・名神大社）福島県東白川郡棚倉町大字八槻字大宮　※都都古和氣《つつこわけ》神社（馬場都々古別神社）も論社であるが当社を比定

出羽国　鳥海山大物忌《ちょうかいさんおおものいみ》神社（一宮・名神大社）山形県飽海郡遊佐町大字吹浦字布倉

【北陸道】六社

若狭国　若狭彦《わかさひこ》神社（遠敷大明神／一宮・名神大社）福井県小浜市龍前

越前国　氣比《けひ》神宮（一宮・名神大社）福井県敦賀市曙町

加賀国　白山比咩《しらやまひめ》神社（一宮・小社※）石川県白山市三宮町　※小社であるが三霊山の一

能登国　氣多《けた》大社（氣多神社／一宮・名神大社）石川県羽咋市寺家町

越中国　雄山《おやま》神社（一宮・小社※）富山県中新川郡立山町　※射水《いみず》神社、氣多神社、髙瀬神社も論社であるが当社を比定。また小社であるが三霊山の一

越後国　彌彦《いやひこ》神社（通称やひこ）（伊夜日古《いやひこ》社／一宮・名神大社）新潟県西蒲原郡弥彦村弥彦
※居多《こた》神社、天津《あまつ》神社も論社であるが小社

佐渡国　なし　※一宮・度津《わたつ》神社は小社

【山陰道】五社

丹波国　出雲大神宮《いずもだいじんぐう》（出雲社／一宮・名神大社）京都府亀岡市千歳町出雲
丹後国　籠《この》神社（一宮・名神大社）京都府宮津市字大垣
但馬国　粟鹿《あわが》神社（一宮・名神大社）兵庫県朝来市山東町粟鹿　※出石《いずし》神社も論社であるが当社を比定
因幡国　宇倍《うべ》神社（一宮・名神大社）鳥取県鳥取市国府町宮下
伯耆国　なし　※一宮・倭文《しとり》神社は小社
出雲国　出雲大社《いずもおおやしろ》（通称いずもたいしゃ）（杵築宮《きづきのみや》／一宮・名神大社）島根県出雲市大社町杵築東
石見国　なし　※一宮・物部《もののべ》神社は小社
隠岐国　なし　※下国であるため

【山陽道】五社

播磨国　伊和《いわ》神社（一宮・名神大社）兵庫県宍粟市一宮町須行名
美作国　中山神社（一宮・名神大社）岡山県津山市一宮
備前国　なし　※一宮・吉備津彦神社は延喜式不記載
備中国　吉備津《きびつ》神社（吉備津宮／一宮・名神大社）岡山県岡山市北区吉備津
備後国　なし　※一宮・吉備津《きびつ》神社は延喜式不記載
安芸国　厳島《いつくしま》神社（伊都岐島神社／一宮・名神大社）広島県廿日市市宮島町
周防国　なし　※一宮・玉祖《たまのおや》神社は小社
長門国　住吉神社（一宮・名神大社）山口県下関市一の宮住吉

【南海道】五社

紀伊国　日前宮《にちぜんぐう》（名草宮《なぐさのみや》）（日前國懸宮／一宮・名神大社）（日前《ひのくま》神宮・國懸《くにかかす》神宮の総称）和歌山県和歌山市秋月　※丹生都比売《にうつひめ》神社、伊太祁曽《いたきそ》神社も一宮とされるが、本書では当社を比定
淡路国　なし　※下国であるため
阿波国　大麻比古《おおあさひこ》神社（一宮・名神大社）徳島県鳴門市大麻町板東字広塚　※他の一宮とされる

上一宮大粟《かみいちのみやおおあわ》神社、一宮《いちのみや》神社、天石門別八倉比売《やくらひめ》神社も、式内大社「天石門別八倉比売《あまのいわとわけやくらひめ》神社」の論社の一つであるが、本書では当社を比定

讃岐国　田村《たむら》神社（一宮・名神大社）香川県高松市一宮町

伊予国　大山祇《おおやまづみ》神社（一宮・名神大社）愛媛県今治市大三島町宮浦

土佐国　土佐《とさ》神社（都佐神社／一宮・大社）高知県高知市一宮《いっく》しなね

【西海道】六社

筑前国　筥崎《はこざき》宮（一宮・名神大社）福岡県福岡市東区箱崎　※住吉神社も論社であるが『大日本国一宮記』により本書では当社を比定

筑後国　高良《こうら》大社（高良玉垂宮《こうらたまたれぐう》／一宮・名神大社）福岡県久留米市御井町

豊前国　宇佐《うさ》神宮（宇佐宮／一宮・名神大社）大分県宇佐市南宇佐

豊後国　西寒多《ささむた》神社（一宮・大社）大分県大分市寒田　※柞原《ゆすはら》八幡宮は延喜式不記載。『大日本国一宮記』では別名とする

肥前国　なし　※一宮・與止日女《よどひめ》神社は小社

肥後国　阿蘇神社（健磐龍《たけいわたつ》神社／一宮・名神大社）熊本県阿蘇市一の宮町宮地

日向国　なし　※一宮・都農《つの》神社は小社

大隅国　鹿児島神宮（鹿児島神社・大隅正八幡宮／一宮・大社）鹿児島県霧島市隼人町内

薩摩国　なし　※一宮・枚聞《ひらきき》神社は小社
壱岐国　なし　※下国であるため
対馬国　なし　※下国であるため

ご覧のように最北は出羽国・鳥海山大物忌神社であり、最南は大隅国・鹿児島神宮である。この事実をどのようにとらえるか、議論は様々あろうかと思うが、ある特定の信仰圏を表していることに異論はないだろう。少なくとも、延喜式が成立した九二七年までには、この範囲でほぼ定まっている。これは当時の朝廷の政治的かつ宗教的（祭祀的）勢力圏を示すものである。

根源社／一宮の定義について

繰り返すが、一宮とは、公的な格付けでも何でもない。自然発生的に生まれた評価であって、地域（広いか狭いかも無関係）において、最も崇敬されている神の宮こそが「一番の宮」であるとする、実に素朴な評価である。

そこには政治的な力関係もなく、太古の昔から、あるがままであるだろう。そして、だからこそ、一宮の中にこそ、日本人の古来信仰するものが存在しているに違いないと私は信じている。

なお、参考までに、現在出版物として流通している「一宮についてのガイドブック類」でそれぞれが採用している「一宮の総数」を事例しておこう。

『大日本国一宮記《だいにほんこくいちのみやき》』（「群書類従・神祇部」室町時代成立）……六七社
『諸国一宮巡詣記《しょこくいちのみやじゅんけいき》』橘三喜《たちばなみつよし》（江戸時代成立）……六八社
『中世諸国一宮制の基礎的研究』（中世諸国一宮制研究会／岩田書院　二〇〇〇年）……九五社
『全国一宮祭礼記』（落合偉洲、他／おうふう　二〇〇四年）……七八社
『全国一の宮めぐり』（薗田稔監修・神社紀行特別編集／学研　二〇〇四年）……一〇四社
『諸国一の宮』（入江孝一郎／移動教室出版事業局　二〇〇一年）……九七社
『諸国一宮と謎の神々』（渋谷申博／新人物往来社　二〇〇八年）……八七社
『全国「一の宮」めぐり』（岡田荘司監修／平凡社　二〇一四年）……六九社

そして本書は、四八社である。

おおむね、新しいものは数が多くなる傾向があるので、本書はいわば原点回帰であろうか。

なお、各書によって一宮の総数が異なるのは、選択の基準が異なるからである。また二社同一の境内にあっても、厳密に二社と数えるところもあるし、また後世に加わった「新一宮《しんいちのみや》」を数えるところもある。本来は自然発生的に地域の最上位との意味を体現して一宮となるところであるが、ある時期から突然一宮を自称しているところもある。したがって一国に複数あっても選別はおこなわず、すべて採り上げるという方針もある。つまり、「一宮」には、厳密な基準が存在しないとい

うことでもある。
「延喜式神名帳《えんぎしきじんみょうちょう》」では名神大社・大社・小社等の区別区分が厳格に存在した。
「官国幣社制度」では、官幣大社・中社・小社、国幣大社・中社・小社等が厳格に定められた（※官国弊社という格式は延喜式において初めて採用されたものであるが、明治期の同名制度とは異なるものである。明治初頭において、国家との関係性を鑑みてあらためて制定指定されたものであって、延喜式における評価基準とは異なるものである）。

しかし「一宮」には、本来は官主導の基準はない。平安初期から鎌倉初期にかけて（八世紀〜一二世紀頃）徐々に定まったものであるが、それまでに各国で、あるいは流域ごとの各地域で最も信仰されていた神を、追認する形でそう呼んだのが始まりである。

したがって、式内社や官幣社などのように前提となる明確な基準はなく、一宮の中には、延喜式では小社にすぎないものや記載さえされていないものも含まれ、また官国幣社制度では村社や郷社にすぎないと判定されたものも含まれている。

先述したように本書では、鎌倉時代までに一宮と認定されていた神を基本に、延喜式で名神大社もしくは大社とされている神のみを採り上げている。すなわち一宮であっても、名神大社・大社でないものや、延喜式に不記載であるものは除外した。

また、国自体にも格差があって、国力（課丁、管田、貢賦等の規模）の違いは律令制では「等級」として認定されている。大国、上国、中国、下国（または小国）である。大国と下国では大きな差があって、下国は大国の中の一郡にすぎない規模のものもあった。

下国に分類された国は九か国で、そのうち四か国は島国、二か国は半島国である。以下、和泉国、伊賀国、志摩国（半島国）、伊豆国（半島国）、飛驒国、隠岐国（島国）、淡路国（島国）、壱岐国（島国）、対馬国（島国）。なお、佐渡国のみは島国であるにもかかわらず中国とされているのは謎である（金が発見されるのはずっと後の江戸時代初頭）。

現在でも鳥取県と東京都では、面積ではさほど差はないにもかかわらず、人口でも経済でも、あまりに大きな差があることは周知である。下国と大国では、それと相似形の格差があった。にもかかわらず、どちらも一つの「国」として認定されていたのは政治的な何らかの理由があったからだろう。

本書では、これも認定の基準の一つに組み込んで、「下国」は除外することとした。下国の一宮と、上国の一宮では、同等とは考えられないからである。実際に、下国の一宮で、しかも小社である神社を認定すると、それより古い由緒で有力な信仰圏をもつ神社が、上国の中にいくつも見られる。

なお、それらにはまたそれぞれの理由があって各地域で尊重崇敬されているはずであるが、その個々の事情については他の研究に譲ることとする。

一宮の成り立ちは複雑で、一宮でありさえすれば最古の神社として認められるのかといえば、残念ながらそう簡単には行かない。最終的には、個々に検証して、個々に評価するしかないだろう。一宮であることは大きなヒントではあるものの、絶対的な評価基準にならないことは、神社神道について少し深入りした人ならば周知である。官国弊社制度が生まれた理由もそのあたりにあるのだが、厳格な一貫性や体系性とは乖離した点が少なからずあることは認めざるを得ない。あまりにも長い期間、野放し状態で、統括管理されることがなかったため、個別独自性が増幅されてしまったからだ。社殿建築ひとつみても、表面的な歴史しか見えて来ない。むしろ多くの場合、社殿建築は邪魔者で、これがなかったらどうなるかをこそ考えなければならない。

一宮は創建年代もまちまちで、平安期に整備されて実質的な創建となったものもあれば、紀元前にすでに信仰されていたであろうものまで幅広い。本書では少なくとも弥生時代までには信仰対象として成立していたであろうと考えられるものを採り上げる。

ただし熊野は別格である。ちなみに熊野三社はいずれも一宮になっていないが、本宮も新宮もまぎれもなく大社である。歴代の上皇や皇族が数多く参詣していることからも、かなり古くから特別の信仰対象であったことがはっきりわかる。

にもかかわらず紀伊国一宮ではなかったのは、一宮である三社（なんと紀伊国には熊野を外しても一宮にふさわしい神が三社もあるのだ！）があまりにも古い由緒であるというのも理由であるだろう。それならいっそのこと、熊野神も四社目の一宮としても良かったと思うのだが、そうならなかった。理由はいくつか考えられるが、特例として、熊野神については本文でもふれるつもりである。

では一宮でありさえすれば尊貴な神であるのかといえば、むろんそんなことはなくて、一宮の実態も一定ではない。官国幣社が政策的に一律であるのに比べれば、一宮は変化に富んでいる。なにしろ創建が古過ぎて起源不詳のものから、創建から数百年しか経っていないものまで、その落差は軽く一〇〇〇年以上に及ぶのである。これらを一律に論じるには、それなりに特別な基準が求められるというものだ。これまでそのような基準は存在しなかったが、本書では試みてみようと思う。

ただし、延喜式以後に新たに創建された神社を否定するつもりは私にはまったくない。

新たに創建された神社には別の意義がある。先に例示した橿原神宮や明治神宮等は神道信仰としてなんら劣るものではない。意義が異なるというだけのことであって、それについては別の機会にあらためて論ずることもあるだろう。


詳細は個別に本文でふれるが、一宮の中でも特に古い神々は、稲作定着以前から存在した。ということは、それらの神々のお祭りは、「稲の祭り」ではなかったということである。

では、何か。

おそらく「粟の祭り、その他」であろうと私は考えている。

粟は畑作物の代表であり、たとえば漢土では紀元前三世紀当時、初めて統一王朝を打ち立てた始皇帝の軍隊は、その糧食の主役は「粟」であった。

わが国の神社においても、古い時代の神饌は「粟」であった。

その痕跡は、現在も残っている。

新たな天皇が即位（践祚《せんそ》）して初めての新嘗祭《しんじょうさい》、すなわち「大嘗祭《だいじょうさい》」の祭儀にである。

大嘗祭を「稲の祭り」とするのは誤りで、実は「稲と粟の祭り」なのである。これはすなわち「水田」と「畑」の祭りであって、二者の融合を意味している。

そして、そもそも大嘗祭の発生は、ここにあったと私は考えている。すなわちそれは「一宮の吸収・統合」である。だからこそ、大嘗祭は宮中最大の祭祀として連綿と執りおこなわれているのであろう。

現在私たちが承知し認識している信仰は、ほとんどが明治になってからのものである。明治政府によって宗教体制が新たに整備された。新たな官国幣社制度と共に、神道儀礼や祭祀そのものも整備・統一された。拝礼方式が「二礼二拍手一礼」に統一されたのもこの時である。この時に全国のほとんどの神社が御神体を鏡に変更させられた。古来の御神体と共存する社もあったが、完全に変更してしまった社も少なくない。これはいわば象徴的な事件である。宗教革命と言ってもいいだろう。

すなわち、まだ百数十年しか経っていない新しい信仰なのである。

本書では、日本人の信仰の原像に迫りたいと考えている。その最も重要な視点こそが「一宮」であるだろう。すでに述べたように、いま、一宮に着目するのは、ひとえにその成り立ちの古さにある。したがって、後付けで一宮に組み込まれた社祀はその対象にならない。一宮は神社制度として最も古いものであるが、もともと自然発生的に生まれた制度であるものの、ある程度馴染んでから、制度優先で作り上げようという方向に向かったために（官国弊社制度の前身）、欠落地域や政治的に重要な地域において、恣意的に格上げ、あるいは新たに格上げして列するものが組み込まれて、一宮制は変質した。本書では、変質以前の一宮を追いかけたいと考えている。

一章　畿内の神々

「畿内」は大和朝廷の中心地であった。だから「延喜式神名帳《えんぎしきじんみょうちょう》」や、「一宮記」等においても筆頭に挙げられている。

そしてその畿内でも、八世紀以降は「山城」が都である。いうまでもなく、七九四年に、平安遷都がおこなわれ、山城は都になったからである。もはや大和朝廷ではなく、山城朝廷である。

この時から、以後東京遷都がおこなわれるまでの千数百年間、地理的にも観念上の頂点となった。つまり、全国すべての道は都へ向かって上るのであって、それを「上洛」という。都を漢土の洛陽になぞらえて、上京することを上洛と呼んだのだ。すぐれた事物はその都から下ってくるし、そうでないものは下らない、だから劣悪な事物を「くだらないもの」と呼んだ。

一〇世紀に成立した延喜式においても、当然ながら神々も畿内が最上位とされた。「五畿」と称された五カ国の各一宮である。ここから全国各地へと勧請《かんじょう》された神々は、人々にとってやはり特別であったのだろう。

賀茂社

山城国の筆頭は、賀茂社である。

つまり、賀茂神こそは、全国の神々の第一位であった。少なくとも、当初はそうであったはずである。後世に、石清水《いわしみず》八幡宮が上位とされたり、北野天満宮が特別に畏敬されたり、あるいは仏教に帰依した歴代の天皇によって延暦寺や興福寺等々が特別に尊重されたこともあって、この地の信仰史は変遷している。ちなみに現代においては、参詣者数では伏見稲荷大社が断トツであり、続いて祇園祭で誰もが知っている八坂神社も全国区の有名神社である。

しかし山城国の原点は、やはり賀茂であろう。

賀茂神は、二社で成り立っている。

賀茂《かも》別雷《わけいかづち》神社（上賀茂《かみがも》神社） 京都府京都市北区上賀茂本山

賀茂御祖《かもみおや》神社（下鴨《しもがも》神社） 京都府京都市 左京区下鴨泉川町

「山城国風土記」によれば、賀茂建角身命《かもたけつぬみのみこと》の娘である玉依比売命《たまよりひめのみこと》が、毎日賀茂川に出て身滌《みそぎ》をしていると、あるとき丹塗《にぬ》り矢が上流より流れてきた。これを拾い、床の間に飾り置くと美しい男神が現れ、二人の間に御子神が生まれた。これが賀茂別雷神《かもわけいかづちのかみ》である。

長ずるに及び七日七夜の宴を張った。宴席で、建角身命が別雷神に、父神と思う人に盃を奉るように言うと、別雷神は「我は天神の御子なり」と言い、天に向かって酒盃を投げ、屋根を突き破って昇天した。

賀茂建角身命と玉依比売命に、ある夜、別雷神の神託があった。

「私に会いたくば天羽衣《あまのはごろも》と天羽裳《あまのはも》を造り、火を炬《や》き、鉾《ほこ》をささげ、また走馬をおこない、奥山の賢木《さかき》を採って阿礼《あれ》に立て、種々のいろあや綵色を垂らして又葵楓《あおいかつら》の蘰《かずら》を造り、いかめしく飾れ」と。

その場所が、現在の上賀茂神社本殿から北西にある神山《こうやま》山麓である。その山頂の磐座《いわくら》に別雷神は降臨し、鎮座した。その後、天武天皇が天武七（六七八）年、正式に山城国に命じて造営したのが、現在の賀茂別雷神社《かもわけいかづちじんじゃ》（上賀茂神社《かみがもじんじゃ》）である。

またこの神託を催事として形にしたものが、京の大祭「葵祭《あおいまつり》」であり、この両神社を一体とする祭りである。

賀茂別雷神社《かもわけいかづちじんじゃ》（上賀茂神社《かみがもじんじゃ》）は、鴨川が二手に分かれた左手の賀茂川に沿って遡った所にある。境内に入るとすぐ目を奪うのは、細殿（拝殿）の前にある砂の山だ。これを「立砂《たてずな》」と呼ぶ。立砂は、賀茂別雷神《かもわけいかづちのかみ》が降臨した神山《こうやま》をかたどったもので、一種の神籬《ひもろぎ》、つまり神が降りる依り代だという。

神山とは、上賀茂神社の神体山で、本殿の北々西にそびえる円錐形の神奈備《かんなび》（神体山・霊山）である。標高三〇一メートルで、山頂には祭神・賀茂別《かもわけ》雷《いかづちの》神《かみ》が降臨したという磐座「降臨石」がある。

ちなみに鬼門などに砂をまいたり、清めの砂と言ったりするのはこれが始まりである。地鎮祭の「盛り砂」も、これが起源……というのが現在までに出そろっている「立砂」の解釈であるが、はたしていかがなものだろう。この造形は類例も珍しく、きわめて特徴的なものだが、それだけに謎めいている。まるで巨大な電極のようで、科学博物館ならここにミニチュアの雷光を出してみせるところだろう。上賀茂の祭神が雷で、その秘された親神が天神となれば、ついそんな想像もしてみたくなる。

上賀茂神社の祭礼で葵祭と並んで有名なのは、夏越祓《なごしのはらい》である。いわゆる大祓で、今は茅の輪くぐりともども全国に広まり、多くの神社の六月晦日《みそか》の重要行事となっている。陰陽道が重視した「祓い」の機能は、明治新政府によって禁止され、神道がこれを受け継いだ。

賀茂社こそは、平安京の鬼門の守護神である。平安京の都城建築では東北の洛外に位置付けられているが、これは賀茂神を鬼門の守護とするためである。つまり、賀茂神は後付けの神ではなく、まず先に賀茂神があった。そしてここを起点に守護の地域を見出し、そこを宮都となした。これが平安京である。賀茂神こそは京都発祥の神である。人も土地も、賀茂に発する。

なお、賀茂氏の始祖・賀茂建角身命は神武天皇の東征に際して、大和の国へ入るにあたり、八咫《やた》

八咫烏の人形《ひとかた》みくじ（賀茂別雷神社）

烏《がらす》の姿となって先導したと伝えられている。賀茂氏は葛城《かつらぎ》県主の末裔と思われるが、賀茂県主として、平安京初頭より代々賀茂社の社家を務めている。ちなみに、国学者として知られる賀茂真淵《かものまぶち》は上賀茂の社家であり、随筆『方丈記』で知られる鴨長明《かものちょうめい》は下鴨の社家である。

賀茂御祖神社《かもみおやじんじゃ》（下鴨神社《しもがも》）の祭神は、賀茂《かも》建角身命《たけつぬみのみこと》・玉依比売命《たまよりひめのみこと》である。

比叡山から流れ出る高野川と、鞍馬・貴船からの賀茂川が合流し、鴨川と名前を変える地点に鎮座する。陰陽道では強力な龍穴《りゅうけつ》の地であり、清涼な明堂《めいどう》を成す。

境内は一二万平方メートルにおよぶ神域「糺《ただす》の森」で親しまれているが、元は一五〇万平方メートルあった。――ちなみに、もしも筆者が一〇〇〇年余の昔にあって機会を得るならば、必ずここに御所を選定するだろう。上賀茂・下鴨は一体で京の鬼門守護となっているが、本来ここは都の中心となるべき場所である。

なお「糺《ただす》」の語源は、神が顕れることを意味するとともに、祭神・賀茂建角身命が「正邪を糺した所」、また「蓼巣《たです》」、つまり蓼科の植物が群生する所などの説がある。

糺の森

賀茂御祖神社

天平勝宝二（七五〇）年、御戸代田一町を寄せられたのが公式記録の上での初見であるが、平安遷都によって王城鎮守の神として崇敬され、多くの所領をもつに至る。

大同一（八〇六）年、賀茂祭すなわち葵祭が勅祭となった。さらに弘仁一（八一〇）年、嵯峨天皇の皇女・有智子《うちこ》内親王以来、歴代内親王が斎王として祭りに奉仕する「斎院の制」がはじまり、後鳥羽上皇の代まで続いた。いずれの関係を見ても、天皇家にとって伊勢の神宮に次ぐ特別な神社であったことがよくわかる。そして平安京は、もともと雷神の守護のもとにあるということである。

大神《おおみわ》神社（大和国一宮・名神大社）奈良県桜井市三輪

【祭神】大物主大神《おおものぬしのおおかみ》（配祀《はいし》）大己貴神《おおむなちのかみ》　少彦名神《すくなひこなのかみ》

大和国は、文字通り「大和朝廷」の拠点であった。日本国発祥の地といっても良い。

では なぜ、大和国が発祥地となったのか。軍事的な理由や経済的な理由もあったことだろうが、なによりも祭祀的な理由こそが第一であった。三輪山に抱かれた桜井の地こそは、神々の守護による特別な場所であったのだ。

奈良盆地の南東にある均整の取れた円すい形の三輪山（標高四六七メートル）は、古来より神宿る山として人々の信仰の対象とされてきた。奈良盆地（大和国）はその守護に抱かれた地域なのである。

三輪山を神体山とする大神《おおみわ》神社は、「古事記」や「日本書紀」にも創建に関わる伝承が記されている日本最古級の神社の一つである。本殿を持たず、拝殿から御神体である三輪山を礼拝する。拝殿前の鳥居は、左右に柱を立ててしめ縄を渡しただけで、横木さえ存在しない。自然物そのものを崇拝する原始信仰の面影を強く残している神社だ。

三世紀から始まる古墳時代には、近畿地方を中心とする政治勢力・大和王権が勢力をふるっていた。大神神社の祭祀家である三輪一族は、大王《おおきみ》から「君《きみ》」の姓《かばね》（王権との関係や地位を表す称号）を与えられていた。「君」は王権との結びつきが強い特別な位のため、三輪一族が信仰する三輪山は、最も尊い神山と考えられていたことの証しでもある。

そのため、山内の一木一葉に至るまでを神宿るものとして、斧鉞《ふえつ》を入れることは許されなかったため、松、杉、ヒノキなどの原生林に覆われている。

山は長らく禁足の地とされてきたが、明治以降は熱心な信者の要望に応える形で、登拝《とはい》が認められるようになった。ただし、参拝証である白いたすきを首に掛け、御幣《ごへい》で自らおはらいをしなければ入山することはできない。また山中では、飲食、喫煙、写真撮影の一切が禁止され、神の山に対する崇敬の気持ちを持つことが求められている。

大神神社の主祭神は大物主大神《おおものぬしのおおかみ》である。出雲《いずも》の国の大国主命《おおくにぬしのみこと》の前に現れ、国造りを成就させるために力を貸すので「大和の三輪山の上に祀《まつ》るように」と、自ら三輪山に鎮まることを望んだとされている。

大物主大神は、「大いなる物の主」として厄よけ、方位よけなど、生活全般の守護神として尊崇されている。また、「酒造りの神」としても知られ、酒造業者や酒屋の店頭に杉の葉を球状にかたどった「杉玉」をつり下げるのは、三輪山を覆う「三輪の神杉」の霊験にあやかろうというものだ。大神神社からも、多くの酒造業者に「しるしの杉玉」を授与している。拝殿と祈禱殿にも吊り下げられている大杉玉も、毎年秋には青々としたものに取り換えられる。


三種の神器の一つである草薙剣《くさなぎのつるぎ》は、現在ではスサノヲの依り代ということになっている。しかし由来を考えると、十握剣《とつかのつるぎ》こそがスサノヲの依り代であれば合点が行くが、草薙剣（天叢雲剣《あめのむらくものつるぎ》）だとすると理屈に合わない。スサノヲがヤマタノオロチを退治した際に、その尾から出て来たとしているが、それならばオロチ退治を成し遂げた十握剣こそがスサノヲの依り代として祀られるべきであるだろう。スサノヲの佩刀《はいとう》・十握剣《とつかのつるぎ》は「勝者の剣」であり、ヤマタノオロチの体内刀・天叢雲剣は「敗者の剣・賊徒の剣」である。だからこそ天叢雲剣は怨霊神となって、崇神《すじん》天皇の御代に祟りを為した。敗者が祟るのであって、勝者のスサノヲが祟る謂われはないだろう。

つまり、天叢雲剣は討伐された別の誰かの依り代であるだろう。そして崇神天皇は、剣の祟りを

大神神社拝殿

三輪山

鎮めるために大神神社《おおみわ》を祀ったのだ。では、その大神神社の祭神は誰か。大物主大神である。すなわち、天叢雲剣はオオモノヌシの依り代以外にはありえないということだ。すなわち、天叢雲剣＝祟り神＝オオモノヌシである。

それではオオモノヌシとは何者か。「最古の神社」といわれる大神神社は、実は祭祀形態としても古式をとどめていて、多くの神社とは異なっている。普通に参拝しただけではわかりにくいが、拝殿はあるものの、その奥に本殿はない。拝殿の奥はそのまま三輪山であって、三輪山そのものが御神体である。そして三輪山は、オオモノヌシの墓、御陵であるだろう。

『古事記』では、オオクニヌシが三諸山《みもろやま》（三輪山）へオオモノヌシを祀ったとしているが、ヤマトを去ることになるオオクニヌシが、自らの霊威を引き継がせるために三輪の王としてのお墨付きを与えるための関連づけであるだろう。

そしてオオモノヌシの正体・実体について、「オオクニヌシの異称」や「オオクニヌシの幸魂奇魂《さきみたまくしみたま》」などとも記されているが、もともと別の神であるため、いずれも宗教的権威を継承する神であることを示す意図だろう。

そもそも出雲の長であるオオクニヌシが、オロチの長と同一では対立関係になりようがない。オオモノヌシは、オオクニヌシでもオオナムヂでもなく、まったく別の神である。

オオモノヌシには伝説が多い。

神武天皇の皇后は媛蹈鞴五十鈴媛《ひめたたらいすずひめ》（伊須気余理比売《いすけよりひめ》）であるが、オオモノヌシの女《むすめ》である（コトシロヌシの女《むすめ》とも）。伝説では、オオモノヌシは丹塗りの矢に姿を変えて流れを下り、用足し中の勢夜陀多良比売《せやだたらひめ》の女陰《ほと》を突いて懐妊させる。そして生まれたのが神武妃となる。

また、いわゆる「箸墓《はしはか》伝説」では、倭迹迹日百襲姫《やまとととひももそひめ》は夫のオオモノヌシが夜しか姿を見せないので訝《いぶか》ると、小さな蛇の姿を現す。これに姫が驚いて叫んだために、オオモノヌシは恥じて三諸山（三輪山）へ登ってしまう。倭迹迹日百襲姫は悔やんで箸で女陰を突いて死んでしまう。このため埋葬された墓を箸墓と呼んだ。

いずれも「女陰を突く」という共通項があるのは、女系による血族をシンボライズしたものであるだろう。娘を神武の皇后にする、つまり神武を娘婿としてヤマトに迎えて、ヤマト王権を継承させることへの布石とも見える。

記紀の崇神《すじん》天皇の条には、災厄が多いので占ったところ、オオモノヌシの祟りであって、その子孫である大田田根子《おおたたねこ》に祀らせよとの神託があり、祀らせて鎮まった、とある。これが現在に続く大神神社である。この祟り神の依り代こそが天叢雲剣であり、オロチの化身であろう。

大神神社・オオモノヌシは祟りなす強力な神であったが、天皇によって手篤く祀られたことにより国家の守護神となった。そしてその依り代は、三種の神器の一つとして、皇位継承の証しともなったのだ。

その後、三種の神器の一つである天叢雲剣は伊勢に遷《うつ》されて鏡と共に祀られ、斎宮・倭姫命からヤマトタケルに授けられることになる。

これは、まぎれもない皇位継承の儀式である。践祚《せんそ》においておこなわれる剣璽渡御《けんじとぎょ》の儀（剣璽等承継の儀）の「剣の渡御（承継）」であろう。すなわち、征旅の後に無事に帰還すれば、次期天皇としての玉座が待っているはずであったのだ。

それでは、スサノヲの佩刀・十握剣はどこに祀られているのだろうか。私は、石上神宮《いそのかみ》の布都斯《ふとし》魂《みたま》大神がそうであると考えている。剣は、スサノヲからアマテラスに献上され、アマテラスからニニギに授けられて、天孫降臨に携えられた（※三種の神器についての詳細考証については拙著『三種の神器』を参照されたい）。


ところでオオモノヌシは、これほどに巨大な神でありながら、実は三輪系統の神社でしか祀られていない。言い換えれば、もとからオオモノヌシを祀る神社は三輪以外にはないのだ。

この事実は、オオモノヌシという神名が、ここに祀るためだけに作られたことを意味する。古くから親しまれている神は、時が経てば経つほどに信仰は周囲へと広がって行き、古ければ古いほど伝播範囲は広くなる。そしてそれを止めることは誰にもできない。

大神神社は、この国で最も古い神社の一つである。にもかかわらず、このように〝限定〟されているのは、別の名で広く信仰され崇敬される神であって、しかしその偉大さをヤマトの中心で高らかに謳い上げるわけには行かなかったからであろう。

大物主とは、文字通り「大」いなる「物」の「主」である。

神名は本来、読み仮名で認識し、充当されている漢字にとらわれないことが肝心であるが、オオモノヌシについては当初からこの文字表記がされていて、これ以外の表記はない。つまり、この神名が誕生した時には「大物主」という表記に意図、あるいは意味が体現されていたと思われる。「物」とは、物部《もののふ》のことである。武力・軍事に長けた者、という意味である。これが氏族名の物部《もののべ》になるのは後のことだ。

それでは「大いなる物部《もののふ》の主」とは、誰のことか。

それは、物部《もののべ》氏の氏祖であるウマシマジの伯父であり、後見人でもある長髄彦《ながすねひこ》であると、私は考えている。

長髄彦の本来の名は、登美能那賀須泥毘古《とみのながすねひこ》、登美毘古《とみびこ》である。ニギハヤヒが降臨した鳥見白庭山《とみのしらにわやま》（現・生駒）を本拠としていたことによる名であろう。

なお、「こんぴらさん」の通称で知られる金刀比羅宮《ことひらぐう》は、大物主を祀っているが、これは明治の神仏分離の際に定めたものだ。元は真言宗の象頭山松尾寺金光院という寺院であったが、これを機に神社へと改宗した。その際に、古い伝承に基づいて祭神を大物主とした。

オオモノヌシが象頭山に営んだ行宮の跡を祭ったのが琴平《ことひら》神社であるが、中世以降に本地垂迹説により仏教の金毘羅《クンビーラ》と習合して金毘羅《こんぴら》大権現と称した。ヒンドゥー教のガンジス川の神クンビーラだ。クンビーラ（マカラ）は元来、ガンジス川に棲む鰐《わに》を神格化した水神で、日本では蛇型とされる。オオモノヌシの正体が蛇であったという伝説は、ここへつながる。

三輪山の神こそは長髄彦である。そして崇神王朝に祟りを為した「神宝」こそは、長髄彦の御霊代である天叢雲剣である。だから祟り神として鎮魂されているのだ。正体を蛇としているのはその証しである。蛇体すなわちオロチと呼ばわるのは貶める意図があってのものであって、その意図とは「祟り神」ゆえであろう。三輪信仰の本質も、祟り神であって、だからこそ手篤く祀れば強力な守護神となるというのは、御霊《ごりょう》信仰の原理である。

三輪山の神の名をオオモノヌシとするのは、尊称であろう。名前ではなく長髄彦の尊称であるだろう。「偉大なる物部の主」という一種の代名詞である。それゆえに、本来は三輪山でしか用いられない呼び名である。

日本の神は、恐ろしくて、優しくて——矛盾しているかのようだが、それでいい。これが日本の神信仰の本質である。そしてオオモノヌシもそういう神になった。祟りなす神として時の天皇・崇神から恐れられつつも、皇女によって懇篤に祀られて、ついには国家鎮護の神となったのだ。

枚岡《ひらおか》神社

春日大社（奈良県奈良市／大和国）は二二社（上七社）であるという高い地位にあるが、一宮ではない。奈良の都・平城京創都の和銅三（七一〇）年、藤原不比等《ふひと》が、藤原家の氏神である武甕《たけみか》槌命《づちのみこと》を常陸国一宮・鹿島神宮から春日の御蓋山《みかさやま》に迎えたものである。

その後、神護景雲《じんごけいうん》二（七六八）年に藤原永手によって、経津主命《ふつぬしのみこと》を下総国一宮・香取神宮から、天児屋根命《あめのこやねのみこと》・比売神《ひめのかみ》を河内国一宮・枚岡《ひらおか》神社から勧請《かんじょう》、合わせて奉斎した。

一宮ではないが、一宮三社から神々を勧請して創建するという、きわめて政治的な神社である。当時の最高権力者であった藤原氏がこれらの一宮三社を集合して氏神社《うじがみしゃ》を創建したということは、春日大社そのものよりも、大本の一宮三社に意味があるということであるだろう。藤原氏は、一宮の権威を利用したとも考えられる。

主祭神である武甕槌命は、鹿島から白鹿に乗って大和（奈良）にやってきたと伝えられている。春日大社の神域と隣接する奈良公園を中心にたくさんの鹿が遊ぶのは、神の使いとして大切にされてきた証しである。

日本の歴史上、家柄が高い四つの氏を「源平藤橘《げんぺいとうきつ》」と呼ぶ。中でも、最も古いものが藤原氏だ。

不比等の父親である中臣鎌足が、権勢をふるっていた蘇我入鹿を倒し、政治権力を天皇家に取り戻す「大化の改新」（六四五年）を成し遂げた。その功績によって、天皇家から「藤原」の姓を与えられたのが始まりとされる。

鎌足の次男・不比等は、娘（光明皇后）を聖武天皇の后とし、史上六人目の女帝である孝謙天皇の外祖父となり、実質的な権力をすべて手中に収める。これ以後、藤原氏は代々天皇家の最も近くにあって、祭政ともに破格の関わりを持つこととなる。摂政・関白に任ぜられる近衛・九条・二条・一条・鷹司のいわゆる「五摂家」は、すべて不比等の子たちから始まったものだ。春日大社は、藤原氏との関係から皇室の崇敬厚く、それにともなって全国に勧請され、この時に唯一社から始まった春日信仰は藤原氏の権勢とともに全国に浸透し、総数は約三〇〇〇社にも及んでいる。

春日神四神のうち、二神を勧請した河内国一宮・枚岡《ひらおか》神社は、稀有《けう》なことに本殿が西向きに建てられている。本殿背後の東方の彼方にそびえる神津嶽《かみつだけ》山頂に、神武天皇即位前三年、東征成功祈願のために、天児屋根命・比売神の二神を祀れと天種子命《あめのたねこのみこと》（中臣氏の遠祖）に勅命があったと社伝等に記されている。これが本宮で、後に現在地に奉遷される。

この伝承をそのまま信じるならば、河内が中臣氏（藤原氏）の本貫地ということになるのだが、その形跡は見当たらない。古くから畿内に縁があったと示威するために創作された〝神話〟ではないかとも考えられる。

ただ、神津嶽への河内全域での崇敬は、それ以前からのもので、ここを押さえることがこの地の

枚岡神社正殿

神津嶽本宮（©Google）

信仰上の根源だったのだろうと私は考えている。東の果ての鹿島神や香取神では、畿内で権威を発露することは難しかったのではないだろうか。その後、時代が降るにつれて枚岡社の存在はあまり重視されなくなるが、新興氏族の藤原氏が飛躍するために一役買ったことは間違いない。

ちなみに、当社の「お笑い神事（通称）」は、毎年年末の恒例ニュースで採り上げられるので、読者もご記憶ではないだろうか。正式名称は「注連縄掛神事《しめかけしんじ》」で、年末に開催して、神職・氏子ともども一斉に高笑いすることによって春の到来をいざなうものである。わが国の神事には一般的に「笑い」は疎遠であることから、ただひたすら皆々で高らかに笑い続けるので奇祭とされているが、祭りの原点はこのようなものであったのかもしれない。春の到来は、すなわち新たな年神の到来であって、神の到来を歓迎するという意味であるだろう。

なお、大和国は国家の中枢であるゆえに、政権との重要な関わりある社祠として石上《いそのかみ》神宮がある。「日本書紀」に記載されている神社で「神宮」の称号を持つものは、伊勢の神宮と石上神宮の二社のみである。いずれも一宮ではないが、別格と位置付けられている。本書冒頭の賀茂社と同様に、神武東征を契機として起源としている。

石上神宮（名神大社）　奈良県天理市布留町

【祭神】布都御魂大神《ふつのみたまのおおかみ》（配祀）**布留御魂大神《ふるのみたまのおおかみ》　布都斯魂大神《ふつしみたまのおおかみ》　宇摩志麻治命《うましまじのみこと》　五十瓊敷命《いたしきのみこと》　白河天皇　市川臣命《いちかわおみのみこと》**

主祭神の布都御魂大神は、すでに神武天皇元年には物部氏の遠祖・宇摩志麻治命に命じて、宮中に祀らせた。そして崇神《すじん》天皇七年、勅命により、物部氏の祖・伊香色雄命《いかがしこおのみこと》が宮中より現在地の石上布留高庭に移し祀られたという、わが国屈指の古社である。

「爾来《じらい》、歴代朝廷の御崇敬特に厚く、多くの武器を奉って儀仗に備え、物部連に配して武臣大伴・佐伯等の諸族をして祭祀にあづからしめ、国家非常の際は天皇親しく行幸あらせられ、国家鎮定を祈り給うた」（石上神宮略記）

もともと刀剣を御神体としていたところから、武人軍人の守護神、戦勝祈願所となり、また古代においては朝廷の武器庫でもあった。

住吉《すみよし》大社（摂津国一宮・名神大社）　大阪府大阪市住吉区住吉

【祭神】 底筒男命《そこつつのおのみこと》　中筒男命《なかつつのおのみこと》　表筒男命《うわつつのおのみこと》　息長足姫命《おきながたらしひめのみこと》

大和国は海運によって隆盛したという側面がある。その拠点こそは住吉であった。

住吉大社の祭神は、海の神である住吉三神（底筒男命、中筒男命、表筒男命）と、息長足姫命（神功皇后）で、これら四神は「住吉大神」と総称されている。

住吉は古来、津守《つもり》氏が代々宮司を世襲していることで知られているが、熱田の尾張氏とともに古代海部《あまべ》の一族とされる。祭神の「ツツノオ」とは、「津（港）」を司る神との意であり、社家の津守氏は文字通り「津を守る」一族であるだろう。「住吉大社由緒書」に「伊弉諾尊《いざなぎのみこと》があはぎはらに祓除せられたとき、海の中より生れた神様」とあるように、「底」「中」「表」との三神によって津のすべてを守護する。

住吉津《すみのえのつ》は大陸への第一の港であり、海のシルクロードの終着駅でもあった。この真東に奈良があって、ここがシルクロードの東の果てである。遣隋使・遣唐使も、住吉大社で必ず祈禱を受け、住吉津から出発した。

「神功《じんぐう》皇后は、新羅《しらぎ》御出兵に当って、住吉大神の御加護を得ておおいに国威を輝かせられ、御凱旋の後、大神の御神託によって此の地に御鎮祭になりました。神功皇后摂政十一年辛卯《かのとう》年のことで、今から約一千七百八十年前のことであります。皇后の御孫《みま》、仁徳《にんとく》天皇が浪速《なにわ》に遷都せられて墨江の津を開港せられ、後に大阪、堺の発展をもたらしましたのは、実に此の時に起因しております。後、皇后をも併せ御祀り申上げ、住吉四社大明神と崇められ、延喜の制では名神大社に列せられ、摂津国一の宮として聞え高く、全国二千余に及ぶ住吉神社の総本宮です」（住吉大社由緒書）

ちなみに、昭和天皇の皇后として親しまれた香淳《こうじゅん》皇太后は、その生母が島津氏であるが、その第五皇女・清宮貴子《すがのみやたかこ》内親王は、日向の佐土原《さどわら》島津家に嫁して、「島津貴子さん」としてひところ親しまれた。その祖である島津斉彬《なりあきら》は、西郷隆盛を重用して、明治維新の礎となったことで知られている。島津氏は、秦の始皇帝の子孫を名乗る秦氏の直系・惟宗《これむね》（島津）忠久に始まるが、忠久は住吉大社の境内で生まれた。つまり住吉社は島津氏の発祥地でもある。薩摩島津が海運密貿易で財務基盤を確立して維新の原動力となったのは、どうやら住吉神の加護もありそうだ。

二章　東海道の神々

東海道は江戸と京をつなぐ国家的幹線道路として隆盛したが、実は江戸と伊勢をつなぐ信仰道路でもあった。しかもその道筋には霊峰・富士山が聳え、三嶋大社（伊豆国一宮・名神大社）や熱田《あつた》神宮（尾張国三宮・名神大社）、椿大神社《つばきおおかみやしろ》（伊勢国一宮・名神大社）もあって、伊勢神宮に至れば内宮《ないぐう》・外宮《げくう》を中心に一〇〇社以上もの摂社・末社がひしめいている。おかげ参りの例を挙げるまでもなく、江戸時代を通じて一大レクリエーション街道であったのだ。東海道五十三次の宿場としての繁栄も、武士階級の参勤交代と、江戸庶民の巡礼旅行が大いに寄与したことは間違いない。

しかし古来この道筋に鎮座する神社は、こういった江戸時代の恩恵よりはるか以前、ほとんどはさらに一〇〇〇年以上も遡る昔から人々の信仰崇敬を受けてきた。しかもそのような古来の神々に、右に挙げた神々は富士山のみを別として実は含まれていないのだ。

では、いずれの神々が古来東海道には鎮まっているのか。

真清田《ますみだ》神社

尾張国においては、熱田《あった》神宮こそが全国的に第一の知名度であるだろう。なにしろ三種の神器の一つである草薙剣《くさなぎのつるぎ》を御神体としている。主祭神の熱田大神《あつたのおおかみ》とは草薙剣のことである。ところが社伝によれば、祭神は、草薙剣を御霊代《みたましろ》とする天照大神《あまてらすおおかみ》であるとする。この説はかなり古くからのものであるが、むろん後付けの理屈である。

そもそも「草薙」の呼称自体がヤマトタケル神話に由来しているのはいうまでもないが、剣の出自から依り坐す神を求めるなら、ヤマタノオロチを退治してこれを入手したスサノヲであるべきだろう。

あるいは元々の所有者であったヤマタノオロチ（に比喩された何者か）であろう。

アマテラスはあくまでも八咫鏡《やたのかがみ》に依り坐す神である。さもなければ、八咫鏡を御神体としてその正体であるアマテラスを奉斎する伊勢神宮と区別がなくなってしまう。しかし熱田と伊勢は「一体分身の神」を祀る神社であるという強引な説も依然として残っている（※三種の神器についての詳細は拙著『三種の神器』参照）。

熱田大神についての解釈はともかくとしても、熱田神宮が、同様に三種の神器の一つを御神体とする伊勢神宮（内宮）と並び称されてきたことは間違いない。それでも歴史的には「尾張国三宮」なので、地元ではさほど親しまれていなかったのかもしれないが（ちなみに。二宮は大縣《おおあがた》神社／犬山市宮山）。

尾張国一宮は真清田《ますみだ》神社である。

創建は神武の代にまで遡るとされるが、不詳である。祭神の天火明命《あめのほあかりのみこと》は、尾張氏の祖神であって、もともとは大和葛城から遷ったとされる。一宮市の地名は、むろん真清田社が鎮座していたから付いたものであって、尾張国において最も古くに開けた地域である。

真清田《ますみだ》神社（一宮・名神大社）　愛知県一宮市真清田

【祭神】天火明命《あめのほあかりのみこと》（または国常立尊《くにのとこたちのみこと》）

尾張氏は、海人族《あまぞく》の代表的一族であって、尾張国造《くにのみやつこ》であった。海人族出自の古代の国造は一宮（あるいは大社・古社）の宮司家をも兼ねたものがよく知られているが、とくに住吉大社の津守氏、籠《この》神社の海部《あまべ》氏、宗像大社の宗像《むなかた》氏はよく知られている。

ちなみに住吉大社は前章でふれたように摂津国一宮であり、籠神社は丹後国一宮である。そして宗像大社は一宮ではないが、名神大社である。

このように「海人族」は政体が律令制を採用する以前から、すでに各国で祭政を統括していた。大和政権がどのようにして彼らを取り込んで行ったのかまったく不明であるが、皇祖・アマテラスこそは、実は海人族の王家であったのかもしれないと私は推理している（※拙著『アマテラスの二つの墓』参照）。

富士山本宮浅間大社《ふじさんほんぐうせんげんたいしゃ》

さて、いよいよ本書の核心の一つにふれなければならないだろう。東海道は南は伊勢志摩から、北は常陸《ひたち》までと幅広い地域をつなぐ街道であるが、そのすべての地域から望見できる唯一無二の霊山がある。それこそは、富士山である。

この後の章であらためてふれるが、「日本三霊山」として古来広く信仰される神奈備《かんなび》といえば富士山、白山、立山であるが、その中でも富士山は際立っている。天高くそびえ、長く裾野を広げる美しい富士山は、その一方で噴火を繰り返すという恐ろしさも持っていた。それゆえに、古来より霊力の宿る山として、人々は富士山をあがめてきた。

富士宮市に鎮座する富士山本宮浅間大社《ふじさんほんぐうせんげんたいしゃ》は、噴火という山の怒りを鎮《しず》めるために祀《まつ》られた神社で、全国一三〇〇余社の浅間神社の総本社である。祭神の浅間大神《あさまのおおかみ》は、富士大神とも称され、絶世の美女神として名高い木花佐久夜毘売命《このはなのさくやひめのみこと》が、その巫女として合わせて祀られている。

大社に対する朝廷の崇拝はあつく、延長五（九二七）年成立の「延喜式神名帳」では、神々の中でも特に霊験が著しい「名神大社」とされ、駿河国（現在の静岡県中部）の一宮となった。以後、源頼朝、北条義時、武田信玄・勝頼親子、徳川家康など、多くの武将が富士山本宮浅間神社をあがめた。家康は、関ヶ原の戦いに勝利したお礼として三〇余棟を造営し、境内一円を整備した。さらに富士山八合目以上を境内地として寄進したため、現在も富士山本宮浅間神社の所有地となっている。寛永や安政期の大地震で多くの建物が崩壊したが、本殿、拝殿、楼門などは家康が建てたものが残っている。山頂には奥宮があり、開山期（七〜八月）には神職が常駐する。

江戸時代以降は、庶民の間に富士山への信仰が広まり、各地に富士講が組織されるなど団体での登山が盛んに行われるようになった。頂上では奥宮にお参りした後、「お鉢」と呼ばれる噴火口の周囲にある八つの峰を巡るのが習わしだ。

二〇一三年六月には「富士山　信仰の対象と芸術の源泉」が、ユネスコの世界文化遺産に登録されて、富士山本宮浅間神社は、その構成資産の一つとなっている。そのために登山者が激増し、登山道および山頂付近の荒廃は目を覆うばかりである。山頂には奥宮だけでなく、登山者のための休憩施設が造られ、建設のために大量の物資を運ぶブルドーザーが往復するようになった。いったい誰が許可して、誰が運営しているのか、大義はあるのか、非難批判が巻き起こっている。

現在の鎮座地に富士山本宮浅間大社の社殿が造営されたのは大同一（八〇六）年、平城《へいぜい》天皇の勅命を奉ずる坂上田村麿《さかのうえのたむらまろ》によるとされる。つまり、記・紀の成立よりも後のことであるから、さほど古いことではない。現在、大社は三つの宮から成り立っている。

本宮：静岡県富士宮市宮町
奥宮：富士山山頂
山宮：静岡県富士宮市山宮字宮内

この中で本宮だけが新しい。本宮が建設されるまでは、実は山宮《やまみや》が本宮であって、そこから遷座《せんざ》されたものである。

その山宮浅間神社《やまみやせんげんじんじゃ》には社殿がない。もともと老木に囲まれた空間そのものが宮であって、直接に富士山を祀るという古代祭祀の形を残している神社である。これを神籬《ひもろぎ》というが、すべての神社の中で、最も古い起源をもつものの一つである。

古来ここで祀られてきたのは浅間大神《あさまのおおかみ》である。別名、富士大神《ふじおおかみ》。これこそが富士山の神である。くりかえすが、山宮が祀るのは古来変わらず浅間大神（富士大神）のみであって、木花之佐久夜《このはなのさくや》毘売《ひめ》命は祭神となっていない。コノハナノサクヤヒメが巫女神として大神に仕えるようになるのは、山宮から六キロメートルほど里へ降りて、そこに大社の壮大な社殿が建立された大同一（八〇六）年より以後である。それまでは、コノハナノサクヤヒメは富士山とは無関係である。

山宮と大社の由来を示唆するのは「山宮神事《やまみやしんじ》」である。これを「御神幸《ごしんこう》」と呼び、大社と山宮とをつなぐ道を今も「御神幸道」と呼ぶ。本宮が建立されて以来、浅間大社の例大祭がおこなわれる春四月と秋一一月に、御神幸もそれぞれおこなわれていた。しかし明治六年、新暦に替わる際に大社の例大祭が一一月のみとなり、それにともない山宮神事・御神幸もおこなわれなくなってしまった。

神事次第を簡単に紹介しておこう。

未の刻（午後二時）に、大宮司以下神職たちが、霊位の依り坐す御鉾を奉じて山宮に詣でる。それから深更まで一連の祭儀をおこない、そのまま参籠する。

翌朝丑の刻（午前二時）、大神の霊位の依り坐した御鉾は、神職に就き従われて山を降りる。還幸の道中は深夜でも一切燈火を用いない。

大社に着くと、御鉾は本殿内陣に鎮め奉り、神事は終わる。この後、申の刻（午後四時）から大社の例大祭が奉幣使を迎えて実施される。この神事の意味は、四月に大神を里宮へお迎えし、一一月には大神は山宮へ（山へ）お帰りになる、というものである。年に二回、春と秋、その上で初めて大社の祭祀が執りおこなわれるという約束事である。

つまり、コノハナノサクヤヒメは常に本宮にいて、春に浅間大神を本宮へお迎えして、秋まで共に過ごし、秋には山へ帰る浅間大神をヒメがお見送りする、という次第である。

浅間大社にとっては富士山そのものが御神体であるから、その存立の根元に関わる重要祭祀であった。しかし神事がおこなわれなくなって一〇〇年余が経つ。いま大神は、里におわすか山におわすか――。

ところで陰陽道《おんみょうどう》や地理風水《ちりふうすい》では「聖地」「霊地」とは、第一に旺気《おうき》（エネルギー）の発する源のことをいう。これを太祖山《たいそざん》といって、そこから発する旺気の流れる地形を龍脈という。

古来、支那（china）ではこれを泰山《たいざん》であるとしている。泰山から、支那（china）全土に「龍脈」が走り「気」が流れているという考え方である。この考え方では、日本では富士山こそが太祖山になるだろう。すなわち日本において富士山にまさる聖地はないということになるだろう。

全国各地にもそれぞれに霊地・霊山はあって、それぞれ崇敬されているが、富士山はそれらとは次元が異なる。富士山の旺気は八方に発して、日本全土におよぶものとされる。

なかでも特に強力な龍穴が富士山の山麓にあって、それは現在の地名でいうと富士宮市に当たるとされる。いうまでもなく、富士山本宮浅間大社《ふじさんほんぐうせんげんたいしゃ》も山宮《やまみや》浅間神社もこの地にある。

ここが最強の龍穴の地であることは、これまでにも少なからぬ人の知るところで、それゆえに、ここに「宗教拠点」を求める者がいる。そもそも山宮が富士信仰の発祥であるから、むろん最古であって、本宮がそれに次ぐ。そのゆえにこの地はもともと「大宮」と呼ばれていた。つまり最初は古神道のみであった。

しかしその後、仏教や新宗教も、ここに本部本拠地を設けるものが集まってきた。たとえば日蓮正宗・大石寺はいち早くここに本拠地を設けた。また、今でこそ大石寺から離れたが、創価学会はこの地を長く拠点として教勢を拡大し発展した。白光真宏会も本拠地・聖地をこの地としている。「世界人類が平和でありますように」という小さな角柱をいたるところに建て続けている教団である。オウム真理教が一斉捜索を受けた時、本部と名の付くものが富士宮市にあったのを知る人はもはや少ないかも知れない。

なお、旺気が吹き上げても、それを保持するための地理や地勢が整っていなければ風に吹き飛ばされてとどまらないとされている。とくに、気を湛えるには「水」が必要で、湖が最良とされ、古くからそれは「水朱雀《みずすざく》」と呼ばれている。富士の周囲に散在する「富士五湖」は良い気を湛える典型で、それぞれに名付けられた龍を信仰している。

山中湖《やまなかこ》――作薬《さやく》龍神
河口湖《かわぐちこ》――水口《みなぐち》龍神
西湖《さいこ》――青木《あおき》龍神
精進湖《しょうじこ》――出生《いずう》龍神
本栖湖《もとすこ》――古根《ふるね》龍神

比較するのは不謹慎であるとは思うが、富士山は究極の聖地であって、伊勢に優先すると私は考えている。

なお、富士山本宮浅間大社が富士山を祀ることから、一般に「浅間（センゲン、アサマ）」を富士としているが、「浅間《あさま》」は火山の古語である。長野と群馬にまたがる浅間山《あさまやま》も、火山活動がひときわ活発であることによってそう呼ばれたもので、富士山との関係によるものではない。

九州の阿蘇《あそ》も語源は浅間《あさま》であろうと思うが、もしかすると逆かもしれない。というのも、阿蘇山の噴火は富士より古く、しかも大規模であった。噴火によって山容の上層部が吹き飛ぶ以前は、富士山よりも高山であったとされている（富士山も、今度大規模噴火する時には、七合目から上は吹き飛ぶという説もある）。ただしそれは、はるか九万年前のことで、富士山が現在の姿になったのが一万年ほど前であるから、阿蘇山の古さがよくわかる。

それゆえに、「アソ」は火山の代名詞となった。音韻転訛の成り行きから考えて、おそらく「アソ＋ヤマ」→「アソヤマ」→「アサマ」となったものだろう。そして「アサマ」は「火山」の代名詞となったのだ。

富士山の祭神名は浅間大神《あさまのおおかみ》（富士大神《ふじおおかみ》）であるが、このように土地の呼び名がそのまま神の名になるという最も古い形の神名である。そういう意味でも「縄文の神」の代表格であるだろう。

浅間《あさま》神社

「あさま」の名を冠した浅間《あさま》神社は、富士山の北側にある。甲斐国一宮で、「せんげん」ではなく「あさま」と読む。

富士山本宮浅間大社《ふじさんほんぐうせんげんたいしゃ》は、すでに読者もお気付きと思うが、「ふじさん・ほんぐう・せんげん・たいしゃ」であるから、全文字音読みである。周知のように音読みは漢語発音であって、仏教と共に輸入されたものであるから、六世紀以後の呼称であろうと想像がつく。もしそれ以前の古い呼び名であるとするならば大和言葉でなければ不自然である。少なくとも、他の古社では「ほんみや」「あさま」「おおやしろ」が全国的に残っているので、富士山本宮浅間大社の（名称の）新しさがかえって目立つことにもなっている。

富士山は独立峰であるところから、登山口も四方にある。そしてそれらの各登山口を拠点にいくつもの浅間神社が鎮座している。北口本宮冨士浅間神社をはじめとして、東口本宮冨士浅間神社、御室浅間神社など。江戸時代にはそれぞれに宿坊が密集し、多くの講社を組織していた。

なかでも甲斐国一宮の浅間神社は、ひときわ古い歴史をもっている。しかもここだけが「あさま」と読む。他の神社ももとは「あさま」で、後世に「せんげん」と呼び習わされるようになったのかもしれないが、少なくとも古式がここには残っている。

浅間《あさま》神社（里宮／通称　一宮《いちのみや》さん・一宮浅間《いちのみやせんげん》）山梨県笛吹市一宮町一ノ宮

【祭神】木花開耶姫命《このはなのさくやひめ》

山宮《やまみや》神社（境外摂社）

【祭神】大山祇神《おおやまづみがみ》　瓊瓊杵命《ににぎのみこと》

「浅間神社略誌」に「第十一代垂仁天皇八年正月、始めて神山の麓に鎮祭す。今ここを山宮神社と称して摂社たり。第五十六代清和天皇の貞観七年十二月九日、現在の地に遷祀せらる」とある。

つまり山宮神社が元宮であって、九世紀に現在地へ遷ったということである。

山宮神社は、浅間神社から東南東二キロメートルほどの神山山麓に鎮座している。祭神は大山祇神で、背後の神山が神体山である。伝承によれば、山宮には大山祇神（コノハナノサクヤヒメの父）、瓊瓊杵命（コノハナノサクヤヒメの夫）、そして木花開耶姫命《このはなのさくやひめ》の三神が祀られていたが、九世紀に里宮が創建された時に、コノハナノサクヤヒメのみが遷されたとされる。

しかし私はこの由緒は後世の創作ではないかと考えている。

現地へ行くとわかることだが、山宮からは富士山を望むことが難しい。素直に見て、ここは背後

甲斐国一宮・浅間神社摂社山宮神社本殿（重要文化財）

の神山（大山祇神）を崇敬する神祠であるだろう。ただし、神山も、富士の峰からつながっている。

里宮の浅間神社は、盆地の中央部にあるので、こちらは富士山を望むことができる。そして真南に富士山は屹立している。したがって、こちらの祭神が木花開耶姫命であるのは納得できる。

ということは、九世紀に浅間神社が創建される際に、木花開耶姫命（＝富士山の神）をそのまま祀るだけでも良かったのだが、この地にもとからある古き神（おそらくは縄文時代からの山岳信仰）を遷したこととして、二社一体で権威付けしたものだろう。つまり、山宮の神は本来、大山祇神のみであって、木花開耶姫命はこの時初めて関連付けられたものであるだろう。そして、ここに一体となった以上、名実ともに「あさまの神」であって、富士講とともに栄えた他の浅間神社とは一線を画するものとなる。だからこそ、山宮は境外摂社でありながら、飛び地として今もなお特別扱いされているのだろうと私は考えている。

寒川《さむかわ》神社

相模国《さがみのくに》一宮の寒川神社《さむかわ》は、寒川比古命《さむかわひこのみこと》と寒川比女命《ひめのみこと》の二神を祭神とするが、いずれも記紀に登場しない独自の神名である。社伝によれば、創建は雄略天皇の時代までさかのぼるもので、屈指の古社であるが、社名も神名も、実はいまだに謎である。

名称についての謎は、ひとえに「寒川」にある。いつから、誰が、この文字を用い、なおかつこの読み方となったのか。

鎮座地は神奈川県高座郡寒川町宮山であるが、このあたりは特に「寒い」地域ではない。太平洋岸を黒潮が流れており、むしろ温暖な地方のうちに入るだろう。つまり、「寒」の文字は当て字である。

山形に寒河江《さがえ》という地名があって、その由来は古く荘園の名・寒河江荘からきているとされる（寒河江川由来という説もある）。そしてこれは「さがえ」と読む。

寒川は、「さむかわ」と呼び習わしているが、古い記録では佐河神社・佐河大神などの表記も見られることから、元々は「さがわ」あるいは「さが」と読んでいたはずである。

国名の「相模《さがみ》」は、むろん当て字であって、もとは「さ・がみ」であろう。相模の語源には賀茂真淵《かものまぶち》による「身狭上《むさかみ》」説や、本居宣長《もとおりのりなが》による「佐斯上《さしがみ》」説などあるが、私はそれらを採らない。いやしくも国名が、その程度の語彙《ごい》変化で落着あるいは永続固定するものではなく、そこに歴代の統治者を納得させるだけの重要な意味が込められていなければならないだろう。そしてその意味とは、「祭祀」であろう。古代においては、信仰・祭祀こそが統治の根幹であった。ならば、国名にそれが体現されていてこそ誰もが納得するものであるだろう。

佐河神社・佐河大神が本来の名称であるとするならば、その国は「佐河の神」の国である。つまり「さ・がみ」の国である。

「さ・がみ」に相模の文字を当て、「さ・がわ」に寒川の文字を当てたことで、由来が不明になってしまったが、これが真相であるだろう。

神体山の神嶽山《かんたけやま》に降臨したのは佐河比古と佐河比女の二神であって、この地こそは「佐神」の国の発祥地である。

氷川《ひかわ》神社

神社名も祭神名も、例外なくすべて漢字で表記されているので、その読み方はしばしば研究課題になる。武蔵国一宮・氷川神社も、研究者は「ひかわ」の訓に従順になるあまり、出雲国の簸川《ひかわ》・斐川《ひかわ》という地名に呪縛されることとなる。意味よりも語呂合わせを優先させるという皮相な手法である。

私は意味を優先するので、「日川」「火川」「陽川」あたりが本来の名称ではなかったかと考えている。

武蔵国は、現在の埼玉県と東京都を合わせたエリアとほぼ同一である。そしてその国の一宮は、山王日枝神社でもなければ、まして神田明神でもなく、大國魂神社でもない。埼玉県さいたま市（旧・大宮市）の氷川神社である。

武蔵国の中心は、国府のあった府中（東京都府中市）であったが、国府が設けられるのは八世紀の初めのこと。それ以前は、武蔵国造《くにのみやつこ》の依拠する大宮（埼玉県さいたま市）が中心地であった。おそらく縄文時代からずっと、ここが武蔵国の中心地だったのではないか。

明治維新で東京と埼玉に人為的に分離されて、片方は祭祀の中心を失い、もう片方は国府つまり政治の中心を失った。

縄文海進で知られているように、東京湾は内陸の奥深くまで達していて（古東京湾）、さいたま市は海辺であった。

北西方面には、二荒山《ふたらさん》・浅間山《あさまやま》から秩父《ちちぶ》連山に至るまで多くの峰々山々が連なるが、中でも西北に聳《そび》える浅間山は、「冬至の日の出」をとらえる山として古来、特別な信仰を集めている。冬至は、一年で最も夜が長い日であって、その翌日からは今度は陽が長くなり始めるという日である。ゆえに、古代においては、冬至の翌日を一年の始まりの日としていた。冬至こそは、本来の「暦の基準日」である。つまり、関東という地域において、浅間山は暦の基準日を示す重要な存在であった。

そしてもう一カ所、関東平野の東北方向から南東方向にかけては目立った山嶺はないのだが、その中で唯一視界にとらえられるのが筑波山である。この地に暮らす古代の人々は、富士山、浅間山、筑波山を遥拝して、素朴な自然崇拝を育んでいたと思われる。

これらの位置関係を図示すると別掲のようになる。そして交点に、武蔵国一宮・氷川神社が鎮座する。ここが古代関東の中心地であり、大極殿があったところということになるだろう。そしてここには、関東王国の「初代の王」「建国の父」が祀られていることになるはずで、氷川神社に祀られている主祭神こそは、その人でなければならないだろう。

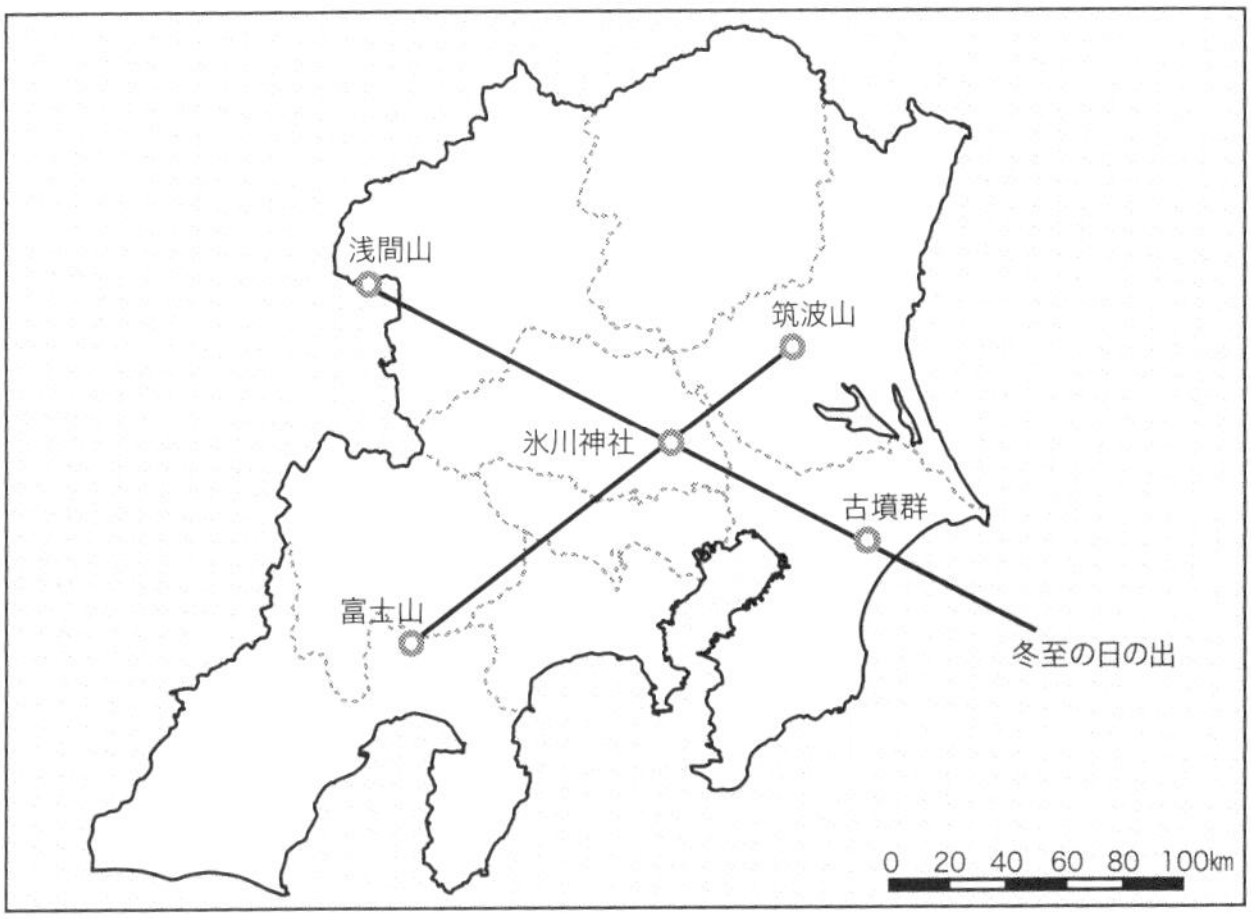

氷川神社の位置

氷川神社〈通称〉お氷川《ひかわ》様　埼玉県さいたま市大宮区高鼻町

【主祭神】須佐之男命《すさのおのみこと》　稲田姫命《いなだひめのみこと》　大己貴命《おおなむちのみこと》

氷川神社は武蔵国一宮であり、名神大社であり、官幣大社である。つまり関東では最古で最大の神社であって、全国に約二九一社ある氷川神社の総本社である。

しかしその内訳は、東京都に六九社、埼玉県に一八二社、つまり武蔵国だけで二五一社と集中。他の関東県でも、茨城県二社、栃木県二社、千葉県一社、神奈川県三社のみであるから、実は「武蔵ローカル」ということになる。

ただ、スサノヲを祭神とする神社には複数系統あって、その第一は八坂《やさか》神社（祇園《ぎおん》社）であるが、これは牛頭天王《ごずてんのう》を祀ったことに始まるもので、スサノヲ神は後付けである。

そして次に多いのが、氷川神社なのである。

神社の「由緒」には「大和朝廷の威光が東方に及ぶにつれて、当神社の地位も重くなった」とある。つまり、ヤマト朝廷が東国を支配統治するために、氷川神社の威光を利用したということで、すでにそれだけの力があったことを示すものだろう。

しかも、ヤマト朝廷は氷川神社を征討するのではなく、尊重することで共存共栄の道を選んでいる。九州を出発点に東へ進軍し、各地の豪族を次々と征討し、ひたすら全国制覇へと向かいつつあるヤマト朝廷が、いったい何に〝遠慮〟したというのだろう。

「信仰」の力は当然あったことだろう。

しかしそれだけならば、すでに各地でも直面している。瀬戸内海全域を信仰圏とする大三島の大《おお》山祇《やまづみ》神社、備前一帯を信仰圏とする吉備津《きびつ》神社、紀伊一帯を信仰圏とする熊野三社、大和一帯を信仰圏とする大神《おおみわ》神社など、すべて完全に制覇し統治下に置いてきている。

「由緒」にはさらにこうある。

「かつて神社の東側には見沼と呼ばれる広大な湖沼があり、豊かな土壌を形成する元となっておりました。「神沼」、「御沼」とも呼ばれた見沼は正に豊かな恵みを与えて下さる神聖な水をたたえた湖沼で、江戸時代に開発された見沼溜井は周囲約三九キロに及ぶ大貯水池でした。（略）見沼をひかえた土地は肥沃で東西南北に交通の便もよく、人々は益々繁栄し今日の基をなすに至ったものと思われます」

これほどに重要視され、かつ関東随一の古い由緒を有している神社であるにもかかわらず、実は大宮の地にはそれに相応しい遺跡や遺物がまったくない。氷川神社の社殿も明治一五年と昭和一五年に改築して現在の姿になる前は、質素なものであった。氷川神社の前身は、縄文神・アラハバキ(荒脛巾)を祀る小社であったとされる。現在は境内に門客人《もんきゃくじん》神社として祀られている。

この地域には大規模な古墳もなく、古代の城郭遺跡もなく、歴史に刻まれるような重要な遺物も発掘されていない(縄文土器や弥生土器は数多く発掘されている)。

にもかかわらず、明治天皇は東京へ入ってわずか四日目(明治元年一〇月一七日)に、氷川神社を武蔵国の総鎮守とし、「勅祭社」と定めた。そして一〇日目には早くも大宮に行幸し、翌二八日にみずから御親祭を執りおこなった。もちろんそれは関東のすべての神社の中で最初であり、きわめて特別なことである。明治天皇は明治三年にも再び参拝している。氷川神社は、これほど〝特別扱い〟されて現在に至っている。

にもかかわらず、氷川神社に関しては満足な研究書さえほとんどない。とくに古代史研究者には無視に近い扱いをされている。研究者の興味関心をそそるような物や事、文献や考古遺物がきわめて少ないからだろう。しかし、これほどに古い由緒があり、皇室からも重要視されていて、むしろ「何もない」ことこそが不可思議というものではないだろうか。

氷川神として祀られた人物が、かなり早い時期に武蔵一帯の統治者であったであろうことは自然の成り行きというものだ。

御嶽神社（右）と門客人神社（左）

昭和初期の氷川神社拝殿と本殿

ということは、家康や道灌よりも、さらには将門よりもはるか昔にその人物は関東に着目したということで、いわば関東を最初に統治した古代の王ということである。道灌・家康は千代田を、それ以前には将門が府中をみずからの居城として見出した。しかしさらにはるか昔に、見沼の畔・大宮を見出した人物がいたのだ。

彼は、見沼に居城・王宮を構え、関東一円を統括し、死しては氷川神社に神として祀られて、その後、長く広く崇敬された。

しかしその〝国〟はヤマト政権に譲られ、見沼は埋め立てられることになる。見沼の干拓を徹底的におこなったのは徳川である。近代になって、明治天皇によって「権威の回復」がなされるが、その姿は深い闇に消えて忘れ去られて行った。

大宮から三〇キロメートルほど北の行田市《ぎょうだし》にある稲荷山《いなりやま》古墳は、鉄剣の「文字」の発見でいまでこそ有名であるが、ごく最近まで誰もそれほど重要な遺跡だとは思っていなかった。稲荷山古墳という呼び名も、墳頂に小さな稲荷社が祀られていたので付いた通称で、名称として登録されていたようなものではない。地元では、「田んぼの中の山」ということで「田山」と呼ばれたり、姿形から「ひょうたん山」などとも呼ばれていて、それくらいありふれた風景として界隈に溶け込んでいた。そのために遺跡として保護されることもなく、昭和一二（一九三七）年には、沼地干拓のための用土として前方部が完全に取り崩されて、その跡地は田んぼにされてしまったため、昭和四三（一九六八）年に学術調査がおこなわれるまで「円墳」だと思われていたようなありさまだ。

稲荷山古墳は、古墳の多い埼玉県でも第二の規模の前方後円墳である。築造されたのは古墳時代後期、五世紀中頃と考えられている。記・紀が編纂されるより二〇〇年近く古い時代である。埋め立てられてしまっているので堀の規模は判然しないが、墳丘部の長さだけで一二〇メートルある。後円部の直径が六二メートル、復元された前方部の幅が七四メートル。とてつもない規模である。

そして注目すべきは、古墳の〝向き〟である。墳丘の中心軸は真っ直ぐに富士山を向いている。五世紀の関東平野を想像してみよう。晴れた日には墳頂から、一〇〇キロメートル彼方の富士山を真正面に望むことができるのだ。

稲荷山古墳を含む「埼玉《さきたま》古墳群」は、全国的に見ても有数の古墳群である。稲荷山はもちろん、それよりさらに規模の大きな二子山古墳など、前方後円墳八基と大型円墳一基が現存している。かつてはその周囲に陪臣のものと考えられる小型の円墳三五基、方墳一基もあったことがわかっているが、稲荷山の前方部を破壊した昭和の干拓事業で、これらはことごとく取り払われてしまった。まったくもって取り返しのつかない愚挙である。

古墳群の規模から考えて、この周囲のどこかに〝小国家〟ないしは〝地方政権〟が存在したことは確かだろう。

周知のように、ヤマト朝廷については、大規模な城郭遺跡が発掘されて研究が進んでいる。そしてその周囲には多くの大規模古墳が存在するのも周知のことである。それならば、埼玉古墳群に埋葬された王族たちの「国」がこの近辺に存在したはずである。稲荷山古墳の一九六八年の学術調査で金錯銘鉄剣《きんさくめいてっけん》（稲荷山鉄剣）が発掘され、大事件となるが、このような副葬品は際立った「王族」以外にありえない。しかも、全長一〇〇メートルを超える巨大な前方後円墳がいくつも存在するということは、その政権が何代も続いたことを示している。

しかし、その痕跡はこれまでのところまったく発見されていない。金錯銘鉄剣《きんさくめいてっけん》には、表面に五七、裏面に五八、合わせて一一五文字が刻まれており、そこにはワカタケル大王（雄略天皇）に仕えたヲワケの功績などが記されており、古代史の第一級資料の一つとなっている（一九八三年、国宝に指定）。これにより、少なくとも稲荷山古墳の被葬者は大王《おおきみ》（天皇）に直属の人物であったことがはっきりわかる。関東圏の支配統治を委任されていたということで、五世紀という時代から考えて、皇子を含む王族か、それに匹敵する力を持った地方豪族であろうと思われる。それだけの政権があったということは、政庁があり、町があったということで、しかも生半可な規模ではない。

はたして、それらはいったいどこにあったのか。もしかすると、富士山や浅間山の噴火によって堆積した関東ローム層の下に眠っているのだろうか。「ポンペイの遺跡」のように。

現在、荒川は大宮の西側を流れているが、古代には東側を流れていて、その河畔・河川敷として自然に発生した沼沢地が見沼である。荒川の規模が大きく、またこの界隈が平野地であったことで稀に見る広大な湿地帯が出現した。しかも原野を耕して水を引かなければならない〝水田開発〟とは異なり、浅い沼地であるがゆえに、水稲耕作に適していた。実際に、そのほぼすべてが江戸時代までに開拓されて水田となり、「見沼田んぼ」と呼ばれて現在に至っている（一部は住宅地になっている)。その痕跡は広大な水田地帯と公園として整備されて垣間見ることはできる。その公園の中心の丘の上にたたずむのが氷川女體《にょたい》神社である。ちなみに当社も、武蔵国一宮を名乗っている。

安房《あわ》神社・玉前《たまさき》神社

安房国の「あわ」は元は「阿波」であって、阿波国から黒潮に乗って移住してきた人たちが建国したゆえであるとされる。『古語拾遺』には、四国の阿波忌部《あわいんべ》氏が遷ったことに由来するとある。阿波には古くから麻が自生しており、縄文人は暮らしの中に取り入れていた。渡来の忌部氏はそれを組織的に栽培するよう指導し、朝廷の祭祀にも深く関わった。

安房にも古くから麻は自生しており、こちらもやはり暮らしの中に取り入れられていた。縄文時代のことである。

忌部氏は阿波で培った技術を部民ともども安房に持ち込み、祭祀の根幹に関わる麻の組織的生産を一手に掌握した。なお、安房の地名はアワビを献上したことに由来するとの説もあるが、安房が忌部氏によって麻の一大産地となったことには何ら変わりはない。

こうして歴史を振り返ってみると、忌部氏は「麻」をもって祭祀族として朝廷に深く関わったが、「麻」は残り、忌部氏は消えた、ということになる。つまり、忌部氏は縄文から続く「麻」の文化を朝廷に根付かせ、現代に続く神道の根幹となすことがその歴史的役割であったのだろう。後発の安房忌部は、いわば集大成であったのかもしれない。安房神社の祭祀形態がそれを示唆している。

安房《あわ》神社（安房国一宮）　千葉県館山市大神宮

【祭神】

上の宮（本宮）

天太玉命《あめのふとだまのみこと》（配祀）天比理刀咩命《あめのひりとめのみこと》（妃神）

忌部五部神

櫛明玉命《くしあかるたまのみこと》　出雲（島根県）忌部の祖。装飾・美術の神。

天日鷲命《あめのひわしのみこと》　阿波（徳島県）忌部の祖。紡績業・製紙業の神。

彦狭知命《ひこさしりのみこと》　紀伊（和歌山県）忌部の祖。林業・建築業・武器製造業の神。

手置帆負命《たおきほおいのみこと》　讃岐（香川県）忌部の祖。林業・建築業・武器製造業の神。

天日一箇命《あめのまひとつのみこと》　筑紫（福岡県）・伊勢（三重県）忌部の祖。金属鉱業の神。

下の宮（摂社）

天富命《あめのとみのみこと》　天太玉命の孫神。
天忍日命《あめのおしひのみこと》　天太玉命の兄弟神。

『安房の国一の宮安房神社略記』に以下の記述がある。
「房総開拓の神として下の宮に祀らるる天富命は、天太玉命の御孫にあたらせられ神武天皇の重臣に坐す。天富命は、勅命を体して四国阿波国忌部族の一部を割いて海路東方に沃土を求められ、最初に占拠されたのが房総半島の南端、即ち現在の安房神社の鎮座地であって茲に本拠地を定めて祖神天太玉命の社を建てた後、次第に上総・下総に進み房総半島に麻穀を播殖しその産業地域をひろめられたのである」（※傍線筆者）

ちなみに「アワ（アハ）」とは阿波、安房ともに同音であって、忌部氏の管轄となったことにより名付けられたとされる。

では、そもそも阿波はなぜ「アワ（アハ）」なのかといえば、古来この地が粟《あわ》の生産に適していたからであろう。そして粟は、稲の栽培が盛んになるはるか以前より、最も重要な産物の一つであり、太陽の恵み、大地の恵みの最たるものであり、すなわち神前に供えて感謝する象徴となる産物であった。そしてその名残は、天皇みずから執り行う宮中祭祀の大祭である新嘗祭《しんじょうさい》（大嘗祭《だいじょうさい》）において、供えるものが稲と粟であることにも示されている。これはすなわち、弥生と縄文の統合祭祀である。そして東国の安房も、縄文時代から粟が収穫されていたはずで、アワビのような稀少な産物よりも、全土で広く豊かに収穫される粟のほうがより象徴的にこの風土を体現しているように思われる。

上総国一宮の玉前《たまさき》神社も、その唯一の祭神である玉依姫命《たまよりひめのみこと》は海から出現上陸したと伝えられている。

玉依姫命は、豊玉姫命《とよたまひめのみこと》から託された鵜葺草葺不合命《うがやふきあえずのみこと》を養育し、成長した鵜葺草葺不合命と結婚し、神武天皇（初代天皇）を産んだとされる。すなわち神武の母であるから、最初の国母である。

安房神社は房総半島の突端に鎮座しているが、玉崎神社は同じ房総半島の太平洋岸、九十九里浜の南端に鎮座している。これは黒潮の同じ流れに由来するということであろう。安房国が阿波忌部一族によって支配されているので、その北側の上総（房総の上《かみ》側）を領地としたものだろう。しかし出自が異なっている。黒潮を活用していたことから考えて、南部の海人族には違いないが、紀伊半島か南九州かは判然しない。伝承にしたがえば、豊玉姫命も鵜葺草葺不合命も日向から大隅あたりに由縁があるので、そちらの出自であるのかもしれない。

ただ、もしそうだとすると、神武天皇は上総の出自ということになるが、それはないだろう。あくまでも、母・玉依姫命の縁ある地ということなのだろう。玉依姫命はこの地で神武を生んだのか、それともどこかで生んでからこの地へ現れたのか、そこまでは伝えられていない。

香取《かとり》神宮・鹿島《かしま》神宮

忌部氏と拮抗して、最終的に朝廷祭祀を奪取したのは中臣氏《なかとみ》（藤原氏の本家）であるが、中臣氏は房総半島の北側が本貫地であった。

香取神宮（下総国一宮） 千葉県佐原市香取
【祭神】 經津主大神《ふつぬしのおおかみ》
鹿島神宮（常陸国一宮） 茨城県鹿島市宮中
【祭神】 武甕槌大神《たけみかづちのおおかみ》

下総国と常陸国は境を接して隣り合う国であるが、それぞれの一宮である香取と鹿島も、北端と南端に鎮座して、ほとんど隣り同士（というか向かい合わせ）である。しかも共に中臣氏の氏神で、中臣氏が祀職を務めているのであるから、別々である意味はほとんどない。

鹿島神宮

中臣氏は、中臣鎌足の活躍で突然歴史の表舞台に登場するが、最も古い血筋の一族の一つである。鎌足の父も鹿島神宮の祀職であったが、鎌足の子孫のみが藤原氏となり、それ以外は中臣氏（大中臣・仲臣）のままである。

中臣とは、神と人との中を取り持つ者、という意味を込めたものであろう。この名は祭祀職そのものを示しているので、氏族の家業として矜持を持っていたのだろうと推測される。そして両社ともに、現在もなお中臣氏の子孫が代々祭祀を司っている。

鹿島神宮には、須佐之男命《すさのおのみこと》がヤマタノオロチ退治に使った「十握剣《とつかのつるぎ》」（とされている剣）が展示されていて誰でも拝観できる。展示ケースに収まっているそれは、なんと二七一センチメートルもの長さの直刀で、茨城県で唯一の国宝である。「十握」どころか「二十握」はありそうだ。この世ならぬ神話の世界を彷彿とさせる造形である。

ちなみに、三種の神器の一つである草薙剣は、熱田神宮の本殿に厳重に納められていて、もちろん一般に見ることはできない。こちらは須佐之男命がヤマタノオロチを退治した際にその尾の中から獲たとされるものである。そしてこちらの「十握剣」こそは、その尾を切り裂いた、つまりヤマタノオロチを退治した須佐之男命の愛用の剣である（とされる）。

つまり十握剣は「勝者の剣」であり、草薙剣（天叢雲剣）は「敗者の剣」である。

鹿島神宮の剣がオリジナルか否かは誰にも分からないが、少なくとも工芸品としても第一級のものであるのは国宝として指定されていることで明らかである。そしてなにより、ここ鹿島神宮の神宝となっているのが謎めいている。

鹿島神宮は、全国に一〇〇〇社ほどの分霊社があるが、この総本宮は神社としてはきわめて珍しいことに真北を向いている。神社は通常真南または真東を向いているもので、その理由は太陽信仰にあるとされている。太陽がコアとなっていればこそ、「自然崇拝」や「精霊信仰」が成立するわけであるから。地上のすべての生きとし生けるものは太陽の恵みなくしては存立しない。したがって、「北向きの神社」というのが、全国に八万社以上ある神社の中でもきわめて少数であるのは当然のことなのだろう。

しかし「北向き」は、意外な神社に実現されている。諏訪大社上社本宮と、吉備津神社、そして鹿児島神宮の元宮である鹿島《かぎしま》神社などである。鹿島神宮も吉備津神社、鹿児島神宮、諏訪大社とともに一宮でありかつ名神大社であって、いわば「神社のトップ・クラス」であるだけに「北向き」は謎めいている。

三章　東山道の神々

東山道は、西は近江国（滋賀県）から、東は陸奥国（宮城県）、出羽国（山形県）までときわめて広範囲である。都と陸奥・出羽をつなぐ街道ということで成立したものだが、地理的な一貫性は「山の道」である。鹽竈《しおがま》を除けば、海には縁が薄く、海人族に対して「山人」という縄文由来の狩猟民が担い手として浮かび上がってくる。

日吉《ひよし》大社・南宮《なんぐう》大社（仲山金山彦《なかやまかねやまひこ》神社）

近江国一宮は建部《たけべ》大社（滋賀県大津市）であるが、政治的な創建であって、風土から自然に生まれたものではないため、本書では同じ大津市内の日吉大社（二宮）を本来の一宮であろうと考える。独断によって格上げするのは本書中で当社のみの例外であるが、日吉大社こそは一宮制の基準の曖昧さの象徴的存在であるだろう。

日吉大社は、全国に三〇〇〇社以上鎮座する日吉神社（日枝神社・山王神社）の総本社である。ただし「ひよし」という読み方は戦後のもので、本来は「ひえ」である。表記も元は「日枝」であった。好字令に従って「吉」の字に変えたものだろうが、なにゆえ「え」を「よし」にしたのかは不明である。古事記に「この神は日枝に坐す」と記されているので、戻すべきであろう。

祭神は、山王七社（日吉七社・上七社）と呼ばれる以下の神が中心である。

西本宮／大己貴神《おおなむちのかみ》（大国主神《おおくにぬしのかみ》）
東本宮／大山咋神《おおやまくいのかみ》（山末之大主神《やますえのおおぬしのかみ》）
宇佐宮／田心姫《たごりひめ》神
白山宮／菊理姫《くりひめ》命
牛尾宮／大山咋神荒魂《おおやまくいのかみあらみたま》
樹下宮／鴨玉依姫《かもたまよりひめ》命
三宮宮／鴨玉依姫命荒魂

さらに中七社、下七社あり、境内は四〇万平方メートルにおよぶ広大なもので、他にも多数鎮座し、かつては境内一〇八社といわれるほどであった。

また日吉大社は通称「山王権現《さんのうごんげん》」ともいうように、その信仰の実態は神仏習合に強く被われている。「山王」とは、最澄が比叡山山頂に延暦寺を建立したことにより、唐の天台宗の本山の神名にならって呼ばれたものである。最澄は比叡山の地主神をも取り込んで「山王神道」を唱道した。明治の神仏分離によってかなり整理はされたものの、全国に広がっている「山王信仰」は、神仏習合による教化活動のなせるものであって、本来の「日枝信仰」とは異なるものである。

古事記に記された「日枝の神」こそは比叡山の地主神であって、比叡山という呼称も元は「日枝《ひえの》山《やま》」「日枝の神の山」であろう。そして「ひえ」とは、穀物の粟《あわ》や稗《ひえ》の「ひえ」であろう。縄文人はこの山に自生する粟や稗を常食としていたのではないだろうか。

山王信仰となってから日吉大社は巨大な信仰になったが、本来は比叡山を神体（神奈備《かんなび》）とする素朴な神である。いうまでもなく、比叡山は平安京が営まれるはるか以前からそこに存在するわけで、琵琶湖と比叡山の取り合わせは漁労と狩猟という恵みの両建てである。

瀬田川西岸の石山貝塚にも見られるように、すでに縄文時代から人々が集い暮らす地域であった。すなわち、縄文時代からのこの地の信仰は「日枝の神の山」への崇敬である。他はすべて後付けのものである。したがって、東本宮の大山咋神《おおやまくいのかみ》（山末之大主神《やますえのおおぬしのかみ》）のみが本来の祭神である。伝承では、崇神七年に日枝山《ひえのやま》から現在地へ遷されたというが、元宮・奥宮は日枝山のままであり、日吉大社は里宮であるだろう。

ちなみに、日吉大社の復興に尽力したとされる豊臣秀吉は、幼名が日吉丸であったことと、あだ名が猿であったことから（猿は日吉大社の神使とされる）、自身の守護神として崇めたという。しかし秀吉は、そもそも叡山焼き討ちの首謀者の一人である。「復興」も、政治的な利用名目であったと考えるべきだろう。

美濃国一宮の南宮大社《なんぐう》は、『延喜式神名帳《えんぎしきじんみょうちょう》』に「美濃国不破郡　仲山金山彦神社《なかやまかねやまひこ》」と記されている通り、こちらが本名である。

国府の南に鎮座することから「南宮」と称するようになったのだが、政治的な主張が目立つ名称となったのは残念なことであった。せっかくの神の名を消して、南宮などという代名詞に代えてしまったのは、大和言葉から漢語に代えたこととも相俟って、本来の信仰を見えなくしている。鉱山の神・金山彦命は仏教渡来以前からの古き信仰であって（崇神天皇の御代に創建と伝わる）、国府さえも後発である。

背後の神体山（神奈備）は南宮山《なんぐうさん》というのだが、こちらも本来は仲山《なかやま》か金山《かなやま》であろう。社名・山名ともに大和言葉の元の姿に戻すべきであろう。

なお、飛騨国一宮は飛騨《ひだ》一宮《いちのみや》水無《みなし》神社であるが、飛騨は下国であり、当社は小社であるため、本書では割愛する。ただし、大東亜戦争の末期に、熱田神宮に鎮座する神器が当社に御動座された。それは爆撃からの避難が理由であるのはもちろんであるが、当社の鎮座地が辺境であったばかりではなく、他の理由もあったのかもしれない。

諏《す》訪《わ》大社

信濃国一宮の諏訪大社は、長野県中央部の諏訪湖のほとりにあって、日本で最古の神社の一つに数えられる。「古事記」にも、国譲りの戦いに敗れて、出雲の国から諏訪まで逃れてきた建御名方《たけみなかたの》神《かみ》が祀《まつ》られたと記されている。

主祭神は建御名方神とその妃神である八坂刀売神《やさかとめのかみ》。諏訪大社を総本社として、日本全国には一万以上も勧請され、広く信仰されている。

諏訪大社の最大の特徴は、諏訪湖を挟んで北側の下社《しもしゃ》（下諏訪町）の春宮《はるみや》と秋宮《あきみや》、南側の上社《かみしゃ》の本宮《ほんみや》（諏訪市）と前宮《まえみや》（茅野市）、計四社によって構成される珍しい祭祀形態をとっていることだ。前宮を除く三社は幣拝殿のみで、ご神体を安置する本殿が存在しない。では、何を拝んでいるのかと言うと、本宮は守屋山、秋宮はイチイの木、春宮は杉の木をご神体とする。神道が成立する前からの古い信仰形態を残している。

八ヶ岳山麓には約五〇〇〇年前に縄文文化が花開き、周辺ではいくつもの遺跡が発見されている。諏訪信仰には、神道が成立する以前のこれらの土俗信仰が共存していると言っていいだろう。前宮がある茅野市の「尖石《とがりいし》縄文考古館」では、国宝に指定されている二体の土偶「縄文のビーナス」「仮面の女神」の他、八ヶ岳山麓の遺跡から発見発掘された多くの考古資料が展示されている。

加えて、諏訪大社を全国に知らしめているのは「御柱祭《おんばしらさい》」と呼ばれる勇壮な祭りだ。正式には「式年造営御柱《みはしら》大祭」と呼ぶ。数えで七年目ごと（六年に一回）の寅《とら》年と申《さる》年に、社殿の四隅に「御柱」と呼ばれる樹齢二〇〇年ほどのモミの木を立てる神事である。直径約一メートル、長さ一七メートル、重量一〇トンにもなる巨大なモミの木を一六本も山から切り出し、急勾配の坂から引き落としたり、川を渡ったりしながら、上社は約二〇キロメートル、下社は約一二キロメートルもの道のりを木やりに合わせて人力のみで運び、それぞれのお宮の四隅に建てる。巨大な柱は、まるで大地をうがつ楔《くさび》のようであるが、何のために御柱を立てるのかは、いまだに定説はない。次の御柱祭は二〇二二年寅年に行われる。

なお諏訪大社とは、四社の総称（四社で一社）という珍しい形態である。福岡の宗像《むなかた》大社のように「三社で一社」という例もあるとはいうものの、その理由はまったく異なる。

神社が複数の社祠を備える意味はもともとは信仰上の〝機能〟に由来している。本来の鎮座地である（あるいは祭神の降臨地とされる）「奥宮《おくみや》（あるいは元宮）」があって、ここが参拝に不便な場合に便宜的に「里宮《さとみや》」を設けて、遙か彼方の奥宮まで行かずに参拝できる、という機能上の理由によって複数の社祠は設けられる。言ってみれば、神の都合ではなく、人の都合である。

たとえば宗像大社は、玄界灘に浮かぶ絶海の孤島・沖ノ島の沖津宮《おきつのみや》が奥宮であり、里宮として中《なか》津宮《つのみや》を設けたが、後にさらに便利な辺津宮《へつのみや》を設けたものだ。

富士山本宮浅間大社《ほんぐうせんげんたいしゃ》は、富士山頂が奥宮であり、麓に山宮《やまみや》が設けられ、さらに街場に浅間《せんげん》神社が設けられた。

こういった経緯によって二〜三社で構成されている古社は少なからず存在する。奥宮が山頂にあるため、便宜を図って山麓に里宮を設けた、というような信仰形態は、古社ではむしろありふれた現象といっても良い。また、里宮から奥宮が望める場合もあれば、まったく見えない場合もある。富士山本宮浅間大社の場合は直接望めるが、宗像大社はまったく見えない場所に鎮座する。いずれにしても、複数の社祠によって構成される神社は、始めに奥宮があって、その後利便性ゆえに里宮が設けられるという次第になっている。

しかし諏訪大社の場合は、これらの事例とは異なるようだ。四社のうち前宮《まえみや》が最も古いとされるが、では前宮が奥宮なのかと言えば必ずしもそうとは言えない。

とくに下社の春宮《はるみや》・秋宮《あきみや》は、その祭祀が前宮の祭祀とは直接のつながりがないところから、さながら〝別の神社〟であるかのようにも思わせる。

しかも四社のうち前宮を除く三社には「本殿」がない。拝殿のみという古い形態を採っている。そして拝殿背後の樹木や森を神の依り代として拝するようになっている。この形式は、大神《おおみわ》神社（大和国一宮）や金鑽《かなさな》神社（武蔵国二宮）などの古社に特徴的に見られるもので、拝殿の背後の神体山そのものを拝するようになっている。これは神社の原型であり、古神道の信仰形態である。

上社は、前宮がまずあって、本宮は前宮を前提として設けられた。したがってこの二社は深いつ

諏訪大社上社本宮

諏訪大社上社前宮

諏訪大社下社春宮

諏訪大社下社秋宮（前ページ写真も含め、写真は
すべて拝殿であって、前宮を除いて本殿はない）

ながりがある。

下社は、春宮と秋宮がほぼ同時に建立されて、祭神は半年ごとに行き来する。したがってこの二社は二社併せて一体である。

上社二社のみで成立していた諏訪信仰に対して、中央政府から下社二社の建立を命じられた。それが下社の創建である。

祠職（神職・神主）のトップは、上社が「神別《しんべつ》」であるのに対して、下社は「皇別《こうべつ》」である。これは血統上のランクの違いを意味している。

「神別」とは天津神《あまつかみ》・国津神《くにつかみ》の子孫のことであり、「皇別」とは天皇・皇子の子孫のことである。古代氏族名鑑である『新撰姓氏録《しんせんしょうじろく》』が、皇別・神別・諸蕃（渡来人の子孫）の三種に分類していることによる用語だ。

一見すると、神の子孫である「神別」のほうがランクが上のように思われるが、そうではない。「皇別」は、神の子孫であることは当然として、さらにその中でも特別な「天皇の直系」であることを意味するもので、こちらが上位である。つまり、諏訪大社の祠職は、上社よりも下社のほうが上位であるのだ。

これは、諏訪大社が完全に中央の支配下にあることを意味している。もともとは上社のみであったところに、中央の命によって下社が建立された。そして下社へは中央から「皇別」の祠職が任命・派遣されたのだ。下社建立の目的には、通説のように諏訪の力を削ぐ等の目的もあったであろうと考えられるが、〝監視〟という目的も当然あったことだろう。

ただし、諏訪に対して朝廷は、力で押さえつけるだけでなく、取り込みも図っている。それが「官位」の授与である。諏訪大社が全国規模の大信仰となるのは、朝廷から官位が下賜されて以来のことである。それ以前は一地方の――正確には辺境の――部族神に過ぎないもので、全国規模で信仰されるような理由はほとんどなかった。

『日本三代実録《にほんさんだいじつろく》』（九〇一年成立）の貞観七（八六五）年の条に、「信濃国諏方郡（略）建御名方《たけみなかた》富命《とみのみこと》神社」とある。これが「社名」としては最も古い公式記録である。（「神名」そのものは、すでに『古事記』に登場しているが、『日本三代実録』巻二、貞観元（八五九）年二月一一日の条にも「建御名方富命神に正二位、八坂刀賣命神に従二位を授けた」という記録がある）。また『延喜式』（九二七年成立）の「神名帳」には、「諏方ノ郡二座　南方刀美神社《みなかたとみのかみのやしろ》二座」とある。

ここからわかることは、共通する訓み方「みなかたとみ」が諏訪社の古名――または祭神の古名――として一〇世紀以前に通用していたことであり、「御名方富」（「建」は男神の敬称・尊称）が先にあって、その後、「南方刀美」に変わり、そして現在は社名は「諏訪大社」になっているということになる（祭神名は『日本三代実録』にあるように「建御名方富命神」「八坂刀賣命神」であるから変わらない）。

かつて諏訪大社の宮司を務めて神道史にもその名を刻む三輪磐根《みわいわね》は、守屋山は諏訪大社の神体山であると明確に言い切っている。明言されたことで、神体山論議には決着が付いているにもかかわらず、近年またぞろ異論が出てきているのは、現職の神職が「神体山ではない」などと言い出していることも少なからぬ影響を与えているのだろう。

近年の蒸し返しの論点はおおよそ以下の三つに集約されるようだ。

①　守屋山は本宮から見えない。

②　守屋山は地元の人々から大切にされていない。

③　守屋山では本宮と関係する祭祀がおこなわれていない。

①の「本宮から見えない」というのは事実である。実際に境内のどこからも見えない。そして、前宮からも見えない。春宮・秋宮からも守屋山は見えない。ここに例示はしないが、「見えない」ことは神体山否定の理由にならないとだけここに指摘しておく。

②の「大切にされていない」というのも事実である。

残念ながら地元では蔑《ないがしろ》にされていると言うほうが適当であるかのような扱いである。地元の人からの伝聞ではあるが、山頂の守屋社に雨乞いをし、叶わぬ時には石祠を転がり落としたりされたという。写真では石祠が木柵で囲まれているが、現在はさらに強化して鉄柵で覆って保護されている状態だ。誰から保護しているのかは言うまでもない。そしてその傍らには「守屋神社奥宮」という真新しい石柱が立てられている。山麓に鎮座する物部守屋神社（公式には「守屋社」）によるも

守屋山山頂（昭和六年刊行の『諏訪史』より）

柵で囲まれているのは石祠。現在は鉄柵ですっぽり覆われている

のだろう。

また、ここには諏訪地方の神社の特徴である「御柱《おんばしら》」がない。どんな小祠にも御柱を建ててしまう諏訪人の気質を考えると、関わり深い神社に御柱がないのは不可解だ。これをもって「大切にされていない」ことの根拠とする人もいるが、私は別の意味があると考えている。
③の「本宮と関係する祭祀がおこなわれていない」というのも事実である。
三輪磐根によれば、かつては何らかの祭祀が執り行われていたようだが、今は確かに関連祭祀がない。

諏訪地方に伝わる古い俗謡を紹介しておこう。

「於自理波礼《おじりはれ》　守矢斂雲乎巻上而《もりやへくもをまきあげて》　百舌鳥義智奈可婆《もずきちなかば》　鎌遠登具倍斯《かまをとぐべし》」

意味は「おじり（天竜川）が晴れていても、守屋山に雲がかかり、百舌が鳴けば雨が降るから、鎌を研いで準備をするべし」というものだ。伝承によって表記表現に異同があるが、私の判断で字句を正し、原形に近いと思われる形に微調整した。それでもだいぶ変形しているが、元々の原型が万葉仮名であろうことは判別できる。つまりこれは縄文由来のヤマト言葉である。建御名方神が諏訪の神となるのは弥生時代以降であるから、建御名方神が祀られる以前から諏訪地方における守屋山信仰はあったということである。すなわち守屋山は、建御名方神とは無関係であろう（守屋山頂の小祠のことではない。

本宮は建御名方神を祀るために建立されたものであるので、本宮と守屋山は直接の関係がない、というのも正しいことになる。つまり、守屋山は諏訪大社本宮の神体山ではない、ということになる。

しかし、本宮が本宮となる以前の宮――おそらくは硯石《すずりいし》を拝礼するミシャグジ社――にとっては、まぎれもない神体山・神奈備であった。四脚門から入って正面の硯石に拝礼するということは、そのさらに後方彼方に鎮座する守屋山を拝礼するということだ。今でも古くからの氏子は四脚門から拝礼するが、彼らにとっては守屋山が神の山であることはまったく変わりがないのだ。

そして「硯石↓守屋山」に拝礼する時、建御名方神は参拝者の左手の「神居」に鎮座するという形になる。――守屋山と本宮との関係はそういうものである。

創られた神話

「タケミナカタ神話」が『古事記』には記されているのに『日本書紀』にも『出雲国風土記《いずものくにふどき》』にも

まったく記されていないということだけでも、いかにも〝創作〟のにおいがぷんぷんする。しかも話の進め方が奇妙である。このストーリー展開では、建御名方神《たけみなかたのかみ》は「軍神」にはならないし、圧倒的な強さを誇示している建御雷神《たけみかずちのかみ》こそがむしろ軍神に相応しい。その建御雷神に、いいところなしでやられ放題の建御名方神が全国で軍神として名だたる武将たちに崇拝崇敬されるのは、まったく奇々怪々ではないか。

ところが、すでに紹介したように諏訪社は全国に五〇〇〇社以上もの多くが勧請されており（建御雷神の鹿島神宮分祀は約七五〇社）、建御名方神は〝軍神〟として多くの武人《もののふ》たちに崇敬されている。初代の征夷大将軍である坂上田村麻呂を始め、源頼朝、武田信玄、徳川家康に至るまで、まるで彼らは『古事記』を知らず、別の伝承によって建御名方神の勇猛さを確信していたかのようではないか。

別の伝承がどんな形であったかはともかくも、少なくとも『古事記』が流布されるより以前に、建御名方神への崇敬・信仰ができ上がっていたことは明らかであろう。

『古事記』が、にわかに注目されるようになったのは、実は江戸時代も後期である。国学者・本居宣長（一七三〇～一八〇一）が大著『古事記伝』を著し、広く知られるようになったことによる。つまり、徳川家康の死後かなり経ってからである。それ以前の武将たちが『古事記』の神話についてまったく知らなくても当然のことなのだ。

右に挙げた武将たちは、全国各地に鎮座する諏訪神社のことは当然承知していたはずで、その信仰内容も承知していたことだろう。そしてそれは「軍神」に相応しい神話・伝承であったに違いない。そうでなければ、彼らがこぞって崇敬するはずがないのだ。

つまり、情けない建御名方神は『古事記』のみに書かれていて、他の全国各地の諏訪神社の伝承や、すでに行き渡っていた信仰は、軍《いくさ》の神というに相応しい建御名方神を伝えていたということだろう。

この事実は、少なくとも一つの真実を示唆している。大量の（ほぼすべての）軍神信仰に対して、貶められた敗残の伝承はたった一つ、『古事記』のみであるということだ。すなわち、『古事記』の建御名方神話こそは〝創作〟されて挿入されたものだろう。取って付けたようなこのくだりは、まさしく取って付けたものであったのだ。

当時──『古事記』成立当時──の朝廷にとって、諏訪との全面戦争は得策ではなかった。〝軍神〟として名高い建御名方神を推戴して高志《こし》国（越国）から科野《しなの》国（信濃国）一帯に君臨していたモリヤ一族は、武力で征討するには負担が大きすぎた。律令国家へ向かいつつあるまさにそのタイミングでは、対外的に大規模な戦闘をおこなうことはできない。まるで、後世の「武田王国vs室町幕府」を彷彿させる構図だ。

そこで画策されたのが、〝宗教的封印（封じ込め）〟であるだろう。中心地である諏訪の安泰を保証する代わりに、武力放棄の誓約をさせた。その証しが、春宮・秋宮の建設であり、皇別祠職の派遣である（珠流河《するが》国造・金刺《かなさし》氏）。

それにしてもいったい誰がそのような侮辱的な記述をさせたのか。『古事記』序には天武天皇の勅命によって編纂されたものとあるので、後世の加筆であるから少なくとも天武帝ではなく、それ以後ということになる。その後のいずれかの天皇の命によって、このくだりの一節だけが加えられたか、あるいは当時の政権を掌握していた藤原不比等であるのかもしれない。鹿島神宮の祭神である建御雷神を氏神として祀る藤原氏の意向——それが反映していてもむしろ何の不思議もないというものだ。

いずれにしても、当時のヤマト政権にとっては、「諏訪の王」が決して中央を脅かさず、永遠に山奥に逼塞すると誓ったのだと告知する必要があった。これは政権の安定が目的である。それほどに畏れられた諏訪の神の正体はいったい何者なのか。何かの際に活躍したという事績も伝承もまったくないにもかかわらず、二つの事実だけが明白である。

すなわち、軍神・武神として畏敬崇敬されてきた。そして、ヤマト朝廷から怖れられていたのだ。

ところで、諏訪大社の「諏訪」とは地名に由来する名称であるが、もともと何を意味する言葉なのか。語源についてこれまでほとんど語られることがなかったのだが、実はきわめて重要な意味があるある。

「諏訪」とは、古代支那の特別な階級でのみ用いられた宗教用語である。漢音で「シュ・ホウ」、呉音で「ス・ホウ」と読む。「神の意志・判断を問う、諮《はか》ること」である。

漢族であっても、よほど特別な立場、特別な知識階級でなければ知らないだろう特殊な語彙である。それが、おそらくは千数百年より以前の信濃（科野《しなの》）において用いられているということは、そういう人物がここに居て（来て）、地名として定着させるだけの立場になっていたことを意味することになる。すなわち、渡来人、それも道教の方士のような人物が考えられる。彼（あるいは彼ら）は、この地の宗教的重要性を当然ながら承知した上でここに居着いたはずで、そして以後の宗教的発展に深く関わったであろうことも間違いないだろう。それこそが諏訪氏の先祖か、あるいは科野《しなの》国造の科野氏の先祖かもしれない（国造家は渡来が多いという歴史的事実もある）。

右に示したように「諏訪」は呉音で「スホウ」と読むが、これを和語（旧かな）では「スハウ」と記す。ここから『古事記』に記される「州羽（スハ）」となり、他にも「須波（スハ）」などいくつか用いられるが、いずれも万葉仮名であるので、漢字の意味は問わず、単に音のみで文字を利用しているにすぎない。本来の「諏訪」が用いられないのは、あまりに難しい漢語であり、またまったく馴染みのない漢字、また当時の日本に輸入されていた漢文資料においても用例のない漢字であったからであろうか。

しかし「スハ」が元は「諏訪」であることは忘れられてはいなかった。中央の文書には「州羽」などの書記がおこなわれても、地元の記憶は受け継がれ、地名として「諏方」が残り、さらに「諏訪」へと回帰したのだ。

最古の記録（九〇一年）で「諏方」となっているにもかかわらず、それからほどなくして「諏訪」表記の使用に変わっているのは、この最古の記録以前の記録があって、それには「諏方」ではなく「諏訪」と書かれていたのであろうと思われる。おそらくはその意味も示されていたのではないか。それゆえに、諏訪大社は「諏方」ではなく「須波」でもなく「諏訪大社」と現在記されている。

今となってはその具体的根拠はわからないが、結果から推測するならばやはり何らかの書き付けが関係者の手元にあったのではないだろうか（文字は口伝では残らない）。諏訪には大量の古文書が残っていて、いまだに完全な研究はおこなわれていないが、もしかするとそれらの中に含まれているのかもしれない。今後の研究に期待したい。

つまり、諏訪という地名は、漢語が元になって生まれた地名であって、和語（ヤマト言葉）ではないのだ。この地には、古くから——おそらくは紀元前から——渡来の痕跡がある。「スワ」が漢音ではなく呉音由来であることも重要な手掛かりだが、その証左は、諏訪大社の祭祀にも見出される。

（※諏訪大社についての詳細は拙著『諏訪の神』参照）

一之宮貫前神社《いちのみやぬきさき》（抜鉾神社《ぬきほこ》）・二荒山神社《ふたあらさん》（補陀落神社《ふだらく》）

上野国《こうずけのくに》一宮は、貫前神社《ぬきさき》（通称・一之宮貫前神社《いちのみやぬきさき》）である。
下野国《しもつけのくに》一宮は、日光市の二荒山神社《ふたあらさん》である。

上野国と下野国は、現代では群馬県と栃木県にほぼ相当するが、元は「毛野《けぬ》」という一つの国である。これを「上毛野《かみつ》」「下毛野《しもつ》」と上下に分け、さらに「かみつけぬ」「しもつけぬ」となったものであるだろう。

では「毛野」とは何かといえば、『常陸国風土記《ひたちのくにふどき》』に「筑波はもともと紀の国である」と記されているところから、「木の国」が語源であろう。「毛野川《けぬ》」は古くから常陸国と下総国の境界（『続日本紀《しょくにほんぎ》』）という記録もあって、これは現在の「鬼怒川《きぬ》」のことであろうから、一体の「きのくに」であろうと考えられる。

しかし貫前神社と二荒山神社は、いずれも古くからの信仰を得ているもので、並び立つほどの信仰が、後々二つの別々の国を生み出したのかもしれない。信仰が異なれば、国も異なるという事例であろう。

貫前《ぬきさき》神社は、参道が下り坂になっている下り宮で、きわめて珍しい。下り宮は全国に数社しか存在しないもので、そのほとんどは怨霊神を封じ込めて鎮魂するために創建されている。では、貫前神社の祭神はというと、經津主神《ふつぬしのかみ》と姫大神《ひめおおかみ》である。

經津主神は、当社では物部氏の祖神としているが、根拠は不明である。建国神話では、經津主神(布都怒志命《ふつぬしのみこと》)は武甕槌神《たけみかづちのかみ》を連れて降臨し、葦原の中つ国接収に功あったとされる武神である。

姫大神は由来不明で、伝承にも手掛かりはほとんどない。しいていえば、この一之宮地方は古くは「綾女庄《あやめのしょう》」と呼ばれていたようであるから、縄文時代に繁栄した女王国があったのかもしれない。とすれば、經津主神はこの地を武力制圧し、怨霊神となった女王を封印し鎮魂するために共に祀られたとも考えられる。

貞観元年に賜ったと伝えられる清和天皇の宸筆《しんぴつ》の額が伝わっているが、そこに「正一位勲五等抜鉾《ぬきほこ》神社」とある。すなわち「ぬきさき」の古名は「ぬきほこ」であったことを示すもので、ここからも鎮魂の役割が見えてくる。鉾を大地に突き刺す行為は、封印である。そしてそれを抜く行為は、封印の解除であろう。この名が示すのは、怨霊神の祟りを解き放つ、解除するという意味ではないだろうか。いつかそうなることを祈って、当社はここに下り宮として鎮座しているのだと私は考えている。

二荒山《ふたらやま》神社は宇都宮市にもあって、こちらも論社となっているのだが、実は論じるまでもない。

二荒山神社は二荒山を神体山とするものであるのは明白で、したがって奥社・奥宮に相当するものは二荒山に鎮座しており、二荒山神社とはその里宮のことである。

であるから、二社を区別して片や日光二荒山神社と称し、片や宇都宮二荒山神社と称するのもおかしな話であって、本来は日光市の二荒山神社には「日光」という形容は不要である。

そもそもこの地が「日光（にっこう）」という地名であるのは、もともとの「二荒山（ふたらやま）」を音読みして「にこう」としたことに始まる。この音読みは呉音であるから、仏教に由来する。日光の地名そのものが大和言葉ではなく呉音であるのは、仏教者による支配がおこなわれたことによっている。

その証左はこの地の多くの地名が仏教由来であることからあきらかであろう。

日光の象徴的存在である「華厳の滝」も「中禅寺湖」も、仏教関連で命名されている。これらの滝や湖ははるか古代からこの地に存在していたにもかかわらず、当初からこのような仏教色鮮明な名称であったはずもなく、ではそれまで名無しであったのかといえば、それも不自然だろう。これほどに際立った滝や湖が、無名のまま何千年も放置されるとは考えがたく、とすれば何か別のしかるべき名称があったはずである。

六世紀に仏教が移入されて以来、全国的に地名も仏教化していった。二荒山の名も、どうやら「補陀落山《ふだらくさん》」に由来するようで、これも仏教化以前の名は不明である。

ちなみに当社の境内地は、伊勢神宮に次ぐ広大さで、日光連山の峰々から華厳の滝にいたるまで、日光国立公園の中心部のほぼすべてを占めており、その面積は約三四〇〇ヘクタール（三四平方キロメートル）にも及ぶものである。

志《し》波《わ》彦《ひこ》神社・鹽《しお》竈《がま》神社・都《つ》々《つ》古《こ》別《わけ》神社（八《や》槻《つき》都々古別神社）

陸《む》奥《つ》国一宮は鹽竈《しおがま》神社であるが、同一境内に志波彦《しわひこ》神社も祀られており、二社で一体とされている。祭神は塩土老翁神《しおつちのおじのかみ》、武甕槌神《たけみかづちのかみ》、経津主神《ふつぬしのかみ》の三神である。

前章ですでに紹介したように、武甕槌は鹿島神宮の神であり、經津主は香取神宮の神である。つまり、北の脅威を監視するために朝廷から派遣された武神であって、ここで監視しているのは塩《しお》土老翁神《つちのおじのかみ》である。

塩土老翁は、『古事記』では塩椎神《しおつちのかみ》、『日本書紀』『先代舊事本紀《せんだいくじほんぎ》』では塩土老翁となどと記されるが、いずれにせよ由来不明の神である。その名から製塩の神として信仰されているが、「しお」は「潮」からきたもので、「つ」は「ノ」の意で、「ち」は「霊《ち》」か「路《みち》」であろう。すなわち「潮ノ霊」「潮ノ路」を示す神名であるだろう。つまり、海人族《あまぞく》の神である。

海人族は各地の国造や祀職となって海辺の開拓に関わっているが、陸奥国がその最北端であろうと思われる。これより北には縄文人の痕跡はあっても、海人族の痕跡は希薄である。

奥州は古くから東夷《あずまえびす》の辺境蛮国とされて、朝廷はたびたび軍勢を差し向けている。その皇軍を率いる者の称号が征夷大将軍、つまり「東夷を征する将軍」である。坂上田村麻呂が初めて任じられたもので、これが後々の「将軍」の始まりであるが、もとは安倍一族を敵として戦うための称号である。そして安倍一族とはもともと海人族で、いかに安倍一族が強大であったか想像できようというものだ。

安倍の直系である安藤氏（安倍と藤原の合成姓氏）は、古くから鹽竈神社の社家であった。安藤氏は陸奥一帯の海運を支配する氏族であったことが鎌倉幕府などの記録からもわかるが、その中心に鹽竈神社があった。海の民の守護神として古くから信仰されていた。

前九年の役（一〇五一年〜一〇六二年）で〝叛逆者〟としてその名を馳せた武将・安倍貞任《あべのさだとう》の末裔は東北を中心に各地に栄えている。茨城県下妻の宗任《むねとう》神社は、安藤氏の祖、貞任・宗任兄弟を祀り、由来を伝えている。

「長髄彦の兄安日は神武天皇の時追放せられて津軽（東日流）に住し外浜安東浦を領す。斉明天皇御宇、蝦夷乱る。安倍比羅夫を将軍として差向らる。此時、安日が末葉に安東という者来り我は安日の末葉也と。比羅夫其功を賞して安倍氏を与え同姓とす」（宗任神社略記）

社伝では、その裔・頼時が安東太郎を初めて名乗り、その子が貞任・宗任となっている。

安倍貞任・宗任兄弟は、日本史上では足利尊氏などとともに叛逆者とされてきた。その根拠は、朝廷に従わない者、すなわち「まつろわぬ民」の長だったことによっている。

ちなみに貞任・宗任兄弟は、宗任大明神略伝記に、「宗任命身長六尺四寸、貞任命身長七尺五寸」(宗任神社略記)とあるくらいで、かなりの大柄であったようだ。いわゆる「海人」「海部」等の族長家は、血統的に大柄であるところから、同族の特徴が安倍一族にもあったとも思われる。

「宗任命貞任命とは、東北地方の豪族で前九年の役で歴史上反逆者と言われておりますが、逆に民衆からは、長い間崇敬され続けられております」(宗任神社略記)

朝廷にとっては叛逆者でも、地元の奥州では英雄として崇敬されている。

陸奥国一宮は、都々古別《つつこわけ》神社も論社の一つである。陸奥国そのものが広大であるので、北部と南部にそれぞれ中心的な神がいても不思議ではないので、南一宮と位置付ける。

都々古別神社は二社あって、いずれも一宮を自称しているが、福島県東白川郡棚倉町大字八槻字大宮に鎮座する八槻《やつき》都々古別《つつこわけ》神社を本書では比定する(近津《ちかつ》神社を合わせて上中下の三社構成であったとの説もあるが、根拠が薄弱であるため本書では採らない)。

なお、同じ棚倉町大字棚倉字馬場にもう一社、都々古別神社はあって、こちらは通称、馬場《ばば》都々古別神社と呼ばれている。『延喜式神名帳』には、陸奥国白河郡に「都都古和気神社 名神大」と記載されているが、どちらを指しているか確定しない。どちらも祭神は、味耜高彦根命《あじすきたかひこねのみこと》と日本武《やまとたけるの》尊《みこと》の二神である。

伝承によれば、創建はどちらも日本武尊に由来している。神体山(神奈備《かんなび》)である建鉾山(立鉾《たてほこ》山《やま》・都々古山)には多くの祭祀遺跡があり、古くから信仰されていたことがよくわかる。この山に日本武尊が鉾を立てて地主神として味耜高彦根命を祀らせたのが、馬場社の創祀であるとしてい

鹽竈神社（表坂石段）

る。現在地に遷座したのは、寛永二（一六二五）年という。つまり、現在の鎮座地は新しく遷り来たものであって、元は建鉾山であった。

これに対して八槻社は、日本武尊が東夷を征討した際に、尊の守護神三神が建鉾山に隠れたという（おそらく埋葬したのだろう）。そしてその征討の際に尊が放った鏑矢が落ちた場所が「矢着《やつき》」と呼ばれ、後の神亀三（七二六）年に「八槻」に改めたものという。

これらの創建伝承から、古式を今に残すのは八槻社であろうと本書では結論するものである。

なお、祭神の味耜高彦根命は農業神であるとして信仰されているが、稲作（水田耕作）が陸奥地方に入るのはだいぶ遅れてからであるので、本来は山の恵みを象徴する土着神であろうと思われる。つまり、前記の鹽竈神社と同様に、征討した土俗神をここに封印して、監視役として日本武尊を配記したものだろう。祭神名のヤマトタケルが倭建命（古事記表記）ではなく、日本武尊（日本書紀表記）となっていることからも、後付けで朝廷による政治的意向が加わったのだと示唆される。

なお、当社の祭神は本来、都々古和気神という名であるべきと私は考えるが、『古事記』や『出雲風土記』に登場する農業神・アジスキタカヒコネの名を借りて権威付けすることで縄文色を消してしまったのはまことに残念なことでであった。

鳥海山大物忌神社《ちょうかいさんおおものいみじんじゃ》

出羽国一宮は、大物忌《おおものいみ》神社である。本社はあくまでも鳥海山山頂で、麓の二カ所（吹浦《ふくら》と蕨岡《わらびおか》）に口之宮と称する里宮がある。大物忌神社とは、これら三社の総称である。

現在の正式社名は鳥海山大物忌《ちょうかいさんおおものいみ》神社であるが、中世まで山そのものに特に名前はなかった。主祭神の大物忌大神とは、鳥海山そのもののことであるので、この名で呼ばれていたのかもしれないが、記録はない。大規模な噴火を繰り返す火山であったため、朝廷からも恐れられており、噴火は東夷の反乱と結びつけられた。山頂の社殿も噴火によって何度も焼失しており、創建にともなう記録も失われており不明である。記紀に登場しない神で、分祀も本社を含めて全国に一一社のみである。秋田県四社、山形県四社、埼玉県一社、滋賀県一社。

祭神は、大物忌大神と月山神。

月山は、修験道によって出羽三山神社とされて、羽黒山・湯殿山と共に信仰されているが、元々は鳥海山と並び称される出羽の二大霊山として信仰されており、月山神社も出羽一宮とする説もある。どちらが一位ということではなく、出羽国は霊山に抱かれ長く隔絶された世界であった。それは、まさに記紀に登場しない神を信仰するもので、最後の山人世界であるだろう。なお、月山神

鳥海山大物忌神社本社と鳥海山山頂

岩木山山頂の巨岩

は、記紀神の月読尊《つきよみのみこと》のことではない。月山独自の神である。

ちなみに、出羽三山については、蜂子皇子が開山したとされているが、しかしそれは修験道の道場として、ということであって、この三山が霊山として信仰されるようになったのは、はるか古代に遡る。その起源は、縄文時代中期にはすでに始まっているだろう。山があって、人がいれば、おのずからそこに信仰は発生する。当時は、そういう時代である。そしてこの地においてもその事実に変わりはなく、証左は山中や山麓に残されている多くの遺物によって明らかである。

かつて神道信仰の北限は東北であった。といっても、神社というものが建設される神社神道以前の信仰、いわば古神道ともいうべき姿の信仰であって、少なくとも津軽海峡の手前までは地続きである限り同種の信仰が境目なくあったことだろう。

とりわけ東北地方は急峻な山岳が海に迫り、人智を超える神々は、海の彼方か、山の奥から顕れると考えられていた。だから、海も山も神秘である。海の幸は山から流れ込む河川によって豊かさを保証され、山に対する畏怖も崇敬も海と対になっている。

岩木山神社（青森県弘前市百沢／岩木山山麓に鎮座）は、新一宮として後世に認定されたものであるが（津軽国一宮）、岩木山への信仰は古来続いているもので、突然新たに生まれたわけではない。信仰の形態も歴史的ありようも、他の縄文の神々と相似である。私たちの祖先が何をもって崇敬畏敬してきたのか、これが原形であって、これらの山々が太古のままにそこにある限り、祖先の心情をいつでも思い出すことができるというものであるだろう。

四章　北陸道の神々

北陸道の神社は、海に山が迫るという地形から、いずれも自然信仰となる条件が整っている。とりわけ神奈備《かんなび》（神体山・霊山）信仰が根強く、神社社殿という形態が出現するはるか以前から大自然への崇敬心が根付いていたと思われる。すなわち縄文から弥生にかけての原始信仰である。

しかしながら、富士山のような際立った独立峰はない。たとえば北海道の利尻富士（利尻山）や青森の津軽富士（岩木山）、秋田・山形の出羽富士（鳥海山）、鳥取の伯耆《ほうき》富士（大山《だいせん》）、香川の讃岐富士（飯野山）、そして鹿児島の薩摩富士（開聞岳《かいもん》）にいたるまで、全国の山岳信仰は富士山のミニチュアであるかのような、独立峰でシンメトリーの山を対象として崇める傾向にある。

ところが、北陸の神体山は、巨大な山嶺峰に連なる一部分であって、山頂部は独立していても、その裾野はいずれかの峰々に連続している。そのため、神奈備信仰は時代が下ってから、仏教や修験道の助けを借りて信仰の隆盛を得たものが多い。つまり神仏習合となってから隆盛となっている。

白山比咩神社《しらやまひめ》、雄山《おやま》神社・彌彦《いやひこ》神社

完全な独立峰ではないが、山嶺が雪に覆われる際立った景観から、文字通り「白山《はくさん》」と呼ばれることで信仰圏を獲得したのは加賀国一宮の白山比咩神社《しらやまひめじんじゃ》である。当社は「延喜式」では小社とされているが、本書では例外的に根源社としている。理由は、当社が「日本三霊山」の一つとして古来、加賀一国にとどまらず、広域で篤く信仰されているからである。

日本三霊山とは、神奈備信仰の最たるもので、信仰の規模において全国で際立っている三山のことである。

いうまでもなく三霊山の第一は富士山（富士山本宮浅間大社）であるが、続く二山こそは加賀国の白山と、越中国の立山《たてやま》である。

すなわち、白山は加賀国一宮の白山比咩神社、立山は越中国一宮の雄山《おやま》神社である。

つまり、日本三霊山のうち二つまでもが北陸道の神なのである。


北陸道の根源社／一宮は、実はいずれも由来はさほど明確ではない。

そもそも白山も、「はく・さん」と音読みの漢音であって、もとは大和言葉の呼び名があったのかもしれないが、伝わっていない。つまり、白山信仰は漢音とともに浸透したと考えられ、六世紀以降の呼び名ということになるだろう。

北陸道の神々には、一宮に限らず渡来系が多いのは周知である。海流の関係で、朝鮮半島からはとくに航海術に長けていなくとも能登半島をはじめとする北陸に漂着する。時代が古くなればなるほどにその傾向は強くなり、白山も、朝鮮半島深部の霊山である白頭山（백두산／ペクトゥサン）との関わりは古くから主張する説が少なからず存在した。白山比咩神社を総本社とする白山神社は

全国各地に約三〇〇〇社鎮座するとされるが（神社本庁登録のものだけでも約二五〇〇社）、通常の山岳信仰とは性質を異にしている。

山岳信仰とは、本来はその山岳そのものが信仰対象であるから、直接望見できる地域に発生するものである。しかし白山信仰については、鎮座地は北海道から鹿児島にいたるまで全国にまんべんなく存在している。出自を朝鮮半島系とする人々の居住地区や、被差別部落の多くに祀られており、歴史的に密接な関係があったからではないかという説もある。

いずれにしても仏教との関わりはとくに深く「白山比咩神社由緒」にもこうある。

「養老元年（七一七）僧泰澄《たいちょう》がはじめて白山に登拝してから後は、朝野の信仰益々篤く、修験道場として隆盛を極め『白山衆徒三千を数う』と称せられました。その後、文明一二（一四八〇）年の大火によって四〇有余の堂塔伽藍が悉く烏有に帰しましたので、末社三ノ宮の鎮座地である現在地に遷られて今日に至りました。明治維新の後は『下白山』を本社、『白山天嶺《はくさんてんれい》』を奥宮とし、〝国幣中社〟として国家から特別の重い待遇を受けましたが、終戦後の今日では、全国に奉斎されている三千有余の白山神社の総本宮として〝白山信仰〟の中心をなしております」

つまり、もともとは神奈備信仰として古来根付いていたものが、泰澄によって修験道場として「開山」して、そこから急激に隆盛したものである。本社・奥宮の現在の形は、明治の神仏分離によって成立したものであるが、信仰としては往古の形に返ったものだろう。

祭神は白山比咩大神である。これを菊理媛神《くくりひめのかみ》とするようになったのは一一世紀以後であって、

白山頂上の白山比咩神社

立山山頂の雄山神社

根拠は不明である。地方で信仰される古き神を、権威付けのために記紀神と同一であるとするようになるのはある時期からの全国的な傾向であるが、神仏習合において神々を仏菩薩と同体であると強弁したのと共通する。

なお、配祀神に三宮媛神《さんのみやひめかみ》とあるのは、本社（下白山）が遷ってくるまでこの地にあった末社の三ノ宮の祭神である。

雄山《おやま》神社は霊峰・立山を本体とする古社である。「由緒」には次のようにある。

「文武天皇の大宝元（七〇一）年景行天皇の後裔、越中国司・佐伯宿禰有若公の嫡男有頼少年が白鷹に導かれ熊を追って岩窟に至り、『我、濁世の衆生を救はんがため此の山に現はる。或は鷹となり、或は熊となり、汝をここに導きしは、この霊山を開かせんがためなり』という雄山大神の神勅を奉じて開山造営された霊山である」

「開山」の示唆からして仏教色が強いが、白山を泰澄が開山したのとほぼ同時期であることからも、仏教者による恣意的な伝承であるだろう。奇しくも開山の「神勅」が、雄山大神から下されたと記されているのは、古来の信仰を取り込むための方途であろう。

祭神は雄山神と劔岳神の二神である。現在公式には伊邪那岐神《いざなぎのかみ》（立山権現雄山神）と天手力雄《あめのたぢからおの》神《かみ》（太刀尾天神劔岳神）としているが、それぞれ白山比咩神社祭神と同様に、記紀神と同体同一と付会したにすぎない。

しかしながら、白山も立山も、神仏習合によってはじめて大きな信仰を得たものであり、以来明治の神仏分離までのおよそ一〇〇〇年間にもおよぶ修験霊場としての歴史がある。山頂の奥宮と、山麓の里宮との一体感こそは、霊山信仰の本質なのかもしれない。

彌彦《いやひこ》神社（神体山・弥彦山）は、三霊山とは別に「三彦山《さんひこやま》」として、福岡県の英彦山、兵庫県の雪彦山とともに、やはり修験場として古くから信仰されている。弥彦山頂の奥の宮が神廟《しんびょう》とされているところから、祭神となっている天香山命《あめのかごやまのみこと》（伊夜比古大神《いやひこのおおかみ》）の廟所であろう。

若狭彦《わかさひこ》神社、氣比《けひ》神宮、氣多《けた》大社

北陸道の信仰には、もう一つ特徴がある。冒頭に述べたように、平野部が少なく、海が迫っている。そのため、神々は海の彼方から渡来したとの伝承がある。

若狭彦《わかさひこ》神社は、通称「上下社《じょうげしゃ》」といって、上社である若狭彦《わかさひこ》神社と、下社である若狭姫《わかさひめ》神社との総称である。上社には若狭彦大神が、下社には若狭姫大神が祀られ、それぞれ彦火火出見尊《ひこほほでみのみこと》、豊玉《とよたま》姫命《ひめのみこと》と同一としているのは、やはり記紀神による権威付けであろう。由緒に、往古、この里に降臨した二神は、その姿が唐人のようであったと伝えられているので、海の彼方からの渡来であったことが推測される。

氣比《けひ》神宮の主祭神である伊奢沙別《いささわけ》神は、この宮に特有の神であるが、もともとは江南由来の海人《あま》族の神である。新羅王子の天日槍《あめのひぼこ》の神宝とされる「胆狭浅大刀《いささのたち》」（『日本書紀』）に由来するとの説もあるが、いずれにせよ渡来神であろう。

氣多《けた》大社の「縁起」によれば、大己貴命《おおなむちのみこと》が出雲から多くの神を率いて海路降臨したものという。また別の「縁起」では、気多大菩薩は孝元天皇の時に郎党を引き連れて渡来した異国の王子であり、能登半島一帯を征したとする。いずれにしても、渡来者が新たな統治者となったということだろう。

五章　山陰道の神々

山陰道は、誤解を恐れずにいうならば「出雲と出雲をつなぐ道」である。出雲族が国を奪われて、辺境の地へ追われ封じ込められても、子孫は血のリレーをつなぎ続けたという証しである。もとは、丹波からさらに南へ、最も古き都であった大和国の出雲まで続くものであるが、こちらの歴史はほぼ消えてしまった。「いづも（伊豆毛）」という蔑称だけは点在しているが、もはや明確な経路は見出せない。

出雲大神宮《いずもだいじんぐう》

丹波国一宮である出雲大神宮《いずもだいじんぐう》（京都府亀岡市千歳町千歳出雲）は、大国主神《おおくにぬしのかみ》を出雲国一宮の出雲大社へ分祀したとの伝承から「元出雲《もといずも》」ともいわれている。

それが事実であるならば、「出雲」という名称も、こちらが元ということになる。

というのも、出雲大社がその名になったのは明治に入ってからのことだからである。それ以前は「杵築大社《きずきのおおやしろ》」であり、さらにそれ以前は「天日隅宮《あめのひすみのみや》」であった。大社側でも呼称について厳格な規制をおこなわず、杵築と天日隅と、さらにそれ以外の呼び名も含めて併用されていたのが現実で

出雲大神宮／戦前の絵葉書（戦前は出雲神社と称していた）

ある。

しかし、「出雲大社」という現在の名称だけは、明治に入ってからのものである。だから、「出雲」は、丹波のほうが起源は古い。

出雲大神宮の主祭神は、大国主神と三穂津姫《みほつひめ》尊《みこと》である。社殿では、大国主神は別名「三穂津《みほつ》彦大神《ひこのおおかみ》」であるとしている。ミホツヒコとミホツヒメは夫婦神であって、出雲の美保神社の神である。つまり、この伝承も丹波が起源であることを示している。

そして丹波は、出雲族の故地である三輪から追放されて、流浪したうちの一部が住み着いたものである。

出雲大神宮は京都亀岡盆地に鎮座するが、創建は和銅二（七〇九）年であるから、さほど古いわけではない。

しかし亀岡は、盆地の東部・御蔭山《みかげやま》（御陰山、御影山）を神体山（神奈備《かんなび》）としていただき、一つの信仰圏として古来成り立ってきたもので、出雲大神宮の創建時にはすでに土着の信仰があったと考えられる。三穂津彦大神が元々の亀岡の神であったのかどうかは判然としないが、出雲族がともなった神と、元からの亀岡の神とが、この時に一体化したものであるかもしれない。

最終的に、出雲族およびその神は、杵築《きつき》という最果ての地まで流されて行くのだが、それはこの後の出雲大社の項でふれたい。

籠《この》神社

丹後国一宮は、籠《この》神社（京都府宮津市字大垣）である。各地にある元伊勢《もといせ》（皇大神宮が伊勢に行くまでに一時的に鎮まっていた地）の中で、最も古い元伊勢である。

祭神は、彦火明命《ひこほあかりのみこと》（天火明命《あめのほあかりのみこと》）であるが、これは饒速日命《にぎはやひのみこと》の別名としている。『古事記』では迩藝速日命と、『日本書紀』では饒速日命、『先代舊事本紀《せんだいくじほんぎ》』では天照国照彦天火明櫛玉饒速日尊《あまてるくにてるひこあめのほあかりくしたまにぎはやひのみこと》と記される。天孫・迩迩藝命《ににぎのみこと》の兄である天火明命《あめのほあかりのみこと》と同一神とされる。ニギハヤヒが第一子で、ニニギが第二子である。つまり神武天皇は次男の系譜ということになる。ちなみにニニギは、『古事記』では天迩岐志国迩岐志天津日高日子番能迩迩芸命《あめにぎしくににぎしあまつひこひこほのににぎのみこと》、日本書紀では天饒石国饒《あめにぎしくにに》石天津彦火瓊瓊杵尊《ぎしあまつひこほのににぎのみこと》などと表記する。

ニニギの天孫降臨は、日向《ひゅうが》国の高千穂の峰に降るというものである。降る様についての但し書きはとくにない。

これに対してニギハヤヒの天孫降臨は、天磐船《あめのいわふね》に乗って空からやってくるというものだ。記紀・本紀の全編を通じて「空を飛んで出現する」のはニギハヤヒのみである。またその乗り物である天磐船も、他には一切登場しない。飛行する乗り物自体が他には例がない。これがいったい何を意味するのか、定説はない。

籠神社の神宝は二種の鏡である。息津鏡《おきつかがみ》（沖津鏡・嬴都鏡《おきつかがみ》）と邊津鏡《へつかがみ》である。いわゆる「十種《とくさの》神宝《かむだから》」の筆頭に数えられるものだ。神宝二鏡について籠神社の由来にこうある。

「昭和六十二年十月三十一日（旧暦九月九日・重陽の節句）に二千年の沈黙を破って突如発表されて世に衝撃を与えた之の二鏡は、元伊勢の祀職たる海部直の神殿の奥深くに無二の神宝として安置されて、當主から次の當主へと八十二代二千年に亘って厳重に伝世され來ったものである。日本最古の伝世鏡たる二鏡の内、邊津鏡は前漢時代、今から二〇五〇年位前のものである。又、息津鏡は後漢時代で今から一九五〇年位前のものである。そしてこの神宝はその由緒が国宝海部氏勘注系図に記載されており、又當主の代替り毎に、口伝を以って厳重に伝世されたものである」

確かに二種の鏡は伝世鏡であるため（発掘ではないということ）保存状態はよく、第一の息津鏡は約二〇〇〇年前のもの、第二の邊津鏡は約二一〇〇年前のもの、という鑑定がなされている。年数が正確かどうかはともかくとしても、差は判別できるということであるだろう。また第一のほうが第二より新しいという事実は、第二の辺津鏡は当初のままであるが、第一の息津鏡は身代わりとも考えられる。

そこで思い出されるのは、伊勢の皇大神宮の鎮座にあたって、豊受大御神《トヨウケノオオミカミ》を籠神社奥宮《おくみや》の真名井から連れていったという故事である。

アマテラスは、「食事をつかさどる神が丹波の真名井にいるという。それをわがもとに遣わせ」と言って、豊受大御神（止由気大神）の随行を求めたというものだ。

この時に息津鏡は朝廷へ献上されて、八咫鏡になったのではないか。そして籠神社では、献上したために欠落していた身代わりの鏡をもって、後年神宝を補ったのではないだろうか。それならば、制作年代の微妙な差は理解できるというものだ。

なお、籠神社の宮司を代々務める海部《あまべ》氏の系図は、系図としては唯一の国宝に指定されている。海部氏とは尾張氏（熱田神宮宮司家）の本家であり、その祖は、当然とも言うべきだろうが、主祭神の彦火明命《ヒコホアカリノミコト》であり、別名迩藝速日命《ニギハヤヒノミコト》である。

なお、近年まで公式にはニギハヤヒは祭神ではなく、現在でも別名になっている。

しかしニギハヤヒほどの神格神に、主祭神として祀る大社・古社がないのは不自然である。オオクニヌシの出雲大社、オオモノヌシの大神神社、地祇（国津神）でさえトップクラスはこれだけの大社に祀られている。ましてニギハヤヒは天神（天津神）である。これらと同等か、もしくはそれ以上の神社に祀られていなければおかしい。

後世に祭神をニギハヤヒに比定したものや、合祀は少なくない。現在公式にニギハヤヒを祭神とする神社は二〇一社ある。摂社・末社を除くと一八四社。籠神社は今もなお、これらの中には数えられていない。丹後一宮であるが、社格は国幣中社であって、決して特別に高くはない。祭神は公式には天火明命（彦火明命）である。そしてその本体が迩藝速日命であると神社自ら表明しているが、異論もあって落着していない。公式に祭神神社として数えられていないのは、おそらくそれが理由だろう。『新撰姓氏録』でも、ニギハヤヒは天神（高天原出身であるが皇統ではない）としていて、アメノホアカリは天孫（アマテラスの直系の皇統）としている。

祭神が一体のものであるかどうかは別としても、籠神社がニギハヤヒとなんらかの深いつながりがあるのは間違いないだろう。神社神宝の息津鏡（沖津鏡）・辺津鏡はきわめて古い伝世鏡であることが判明しているが、この呼び名がニギハヤヒの十種神宝から来ているのは言うまでもない。とすれば、この鏡を祀るために設けられた社であるとも考えられる。奥宮の真名井神社はもとからあって、籠神社はその後に祀られたのだろう。とすれば、真名井神社はアメノホアカリで磐座を神体としてもとからあって、その後に籠神社はニギハヤヒで鏡を神体として建立されたのかもしれな

籠神社

丹後元伊勢・籠神社（戦前の古写真）

い。

また、内宮の祭神は、当初は迩藝速日命《にぎはやひのみこと》（天照国照彦天火明櫛玉饒速日尊《あまてるくにてるひこあめのほあかりくしたまにぎはやひのみこと》）のみであったが、皇祖を習合して「天照大御神《あまてらすおおみかみ》」という名の最強の守護神となったのではないかとも考えられる。これは内宮の御神体である八咫鏡との関連からの推論である。

国家体制の思想統一をはかった天武《てんむ》天皇は、自ら設計した宮に「太極殿《たいきょくでん》（大極殿《だいごくでん》）」を設け、そこで執務することによって「天命を発する」という論理を採った。

しかしもちろん、現在は内宮の祭神は天照大御神であり、外宮の祭神は豊受大御神である。そしてそれぞれの神域に、取って付けたように月讀宮《つきよみのみや》が祀られている。内宮の実体である迩藝速日命は消され、外宮からは本来の月読命《つきよみのみこと》とともに、その実体の痕跡も消された。これをおこなったのは、桓武《かんむ》天皇であると私は考えている。時期的にも、またそれが可能な強大な権威権力という点からも、他には見あたらない。

ちなみに、日本三景の一つである天橋立《あまのはしだて》は、元は籠神社の参道であったとされる。高天原へと続く、つまり天上への一本道ということであったのかもしれない。

粟《あわ》鹿《が》神社・宇《う》倍《べ》神社

但馬国一宮は、粟鹿神社《あわが》（兵庫県朝来市山東町）である。

祭神は、彦火々出見命《ひこほほでみのみこと》、日子坐王《ひこいますのみこ》、阿米美佐利命《あめみさりのみこと》（天美佐利命）。

彦火々出見命《ひこほほでみのみこと》は、火遠理命《ほおりのみこと》のことで、別名は山幸彦《やまさちひこ》。周知のように天皇家の祖先であるが、但馬国とは直接関わりはない。権威付けのために後から加えられたものだろう。

阿米美佐利命《あめみさりのみこと》は大国主の子であるが事績不詳。

日子坐王《ひこいますのみこ》（彦坐命）は、開化天皇の皇子で、崇神天皇の御代に丹後に派遣されて、賊徒・玖賀《くが》耳之御笠《みみのみかさ》を討ったと伝えられる。但馬との関わりの記録はとくにないが、丹後の平定と同時期に隣接の但馬の統治をもおこなったものだろう。

「粟鹿」という名称は、粟の束をくわえた鹿が山から現れて、この地に農耕を教えたことに由来するという。その山は粟鹿山と呼ばれるようになり、麓に神社を創建してその鹿を祀った。

このような「伝承」は、実際におこなわれた歴史的出来事を、神の成せるものととらえて比喩する神話に昇華したものである。だから、祭神の日子坐王《ひこいますのみこ》（彦坐命）とは神鹿とされ、粟が神饌（神の食物）であるだろう。

ただ、粟を常食にしていたのは縄文人であって、崇神天皇の御代には稲作が主力となっていたはずだから、この地の信仰そのものは、これよりはるかに古いものと思われる。

なお、出石《いずし》神社（兵庫県豊岡市出石町宮内）も但馬国一宮の論社である。祭神は伊豆志八前大《いずしやまえのおお》神《かみ》と天日槍《あめのひぼこ》命である。アメノヒボコは新羅の王子であったとされ、妻を追って渡来したが、拒絶されてこの地に居着いた。アメノヒボコが招来した八つの宝物が伊豆志八前大神《いずしやまえのおおかみ》で、これにちなんで元の社号は伊豆志坐神社である。社名・祭神名ともに用いられている「伊豆」は蔑称であるため、一宮として信仰されていたとは考えられない。また時代が降ってからの渡来神であることにより、本書では一宮に採らない。

因幡《いなば》国一宮の宇倍《うべ》神社（鳥取県鳥取市国府町宮下）は、武内宿禰《たけのうちのすくね》の終焉の地に祀られたと伝えている。全国の武内宿禰を祭神とする神社九〇〇余社の本社である。

武内宿禰は、一説に景行天皇一四（八四）年に生まれて、仁徳天皇五五（三六七）年に没したとされ、これをこのまま信ずれば、没年二八三歳となる。大和朝廷初期の天皇である景行・成務・仲哀・応神・仁徳の五代に仕えたという。大臣として天皇を補佐し、国家の基盤をつくるために大いに貢献したと記紀に述べられている。そのため「日本初の宰相」として、戦前までは第一の功臣とされていた。とくに高額紙幣の肖像として日本人には最も身近な存在であった。

しかしあまりの長寿ゆえに、その実在を疑う説もある。年齢についても、二八〇歳説から三六〇歳説までいくつもの説がある。ただ、その政治的な功績や、祭祀に関する事績など、記録される経歴は五世に亘る天皇および大和朝廷の歴史と連結している。そのため存在を否定するならば、それに代わる何ものかを発見しなければならない。これらのことから、武内宿禰とは何代かに亘って世襲した大臣の家名であるとも考えられている。

『日本書紀』および『紀氏家牒《きしかちょう》』は、その生まれについてこう記している。孝元天皇曾孫の屋主忍《やぬしおし》男《を》武《たけ》雄《を》心命《ごころのみこと》が、紀直《きのあたい》の遠祖・菟道彦《うじひこ》（紀伊国造）の女《むすめ》・影媛を娶って生ませた、と。つまり、武内宿禰は紀伊国の生まれということになり、そのゆえに、紀武内宿禰とも称される。

『因幡國《いなばのくに》風土記《ふどき》　逸文』には、仁徳天皇五十五年の春、因幡の亀金の岡に「双つの履《くつ》」を遺して姿を消したとある。

「大臣武内宿禰、御歳三百六十餘歳にして、當國に御下向あり。龜金に双の履を残して、御陰所《みかくれどころ》知れず。けだし聞く、因幡の國、法美の郡の宇倍山の麓に神の社あり。宇倍の神の社と曰ふ。是は武内宿禰の靈《みたま》なり」（「因幡國風土記　逸文」）

宇倍神社本殿の背後の丘には、その霊跡と伝える磐座《いわくら》があって、古くから「双履石」と呼ばれている。

明治期に入ってすぐに、武内宿禰の姿とともに宇倍神社社殿の絵柄も紙幣に印刷され、神社図柄紙幣の記念すべき第一号となった。紙幣の図柄として日本人に馴染み深い人物としては、さしずめ戦後の聖徳太子・法隆寺に匹敵する存在であったとも言えるだろう。

出雲大社《いずもおおやしろ》（杵築大社《きつきのおおやしろ》）

出雲国一宮は、出雲大社《いずもおおやしろ》（島根県出雲市大社町杵築東）、通称「いずもたいしゃ」である。

一般に、日本有数の古い神社であると思われているようであるが、実は由来は想像されているほど古いものではない。とくに社殿建築は、ほぼすべて後世に建て替えられたものであるから、創建の手掛かりにはなりにくい。しかし神社建築は、出雲の「大社造り」と、伊勢の「神明造り」が最古の様式とされている。大社造りは住居が原型であり、神明造りは倉庫（米倉）が原型という研究結果である。いずれも、弥生時代の建築様式が原型である。

ちなみに神代の世界が画像として描かれる場合、神様の住居としてこれらが描かれたり、鳥居や社殿の前に神々が立っていたりというように、日本神話の画像化には神社建築は不可欠になっている。古代日本では、神社建築が普通に建て並んでいたと、多くの人が考えているだろう。

ところが現実には、神代に神社（建築）はなかったのだ。

六世紀に仏教が伝来したが（仏教公伝は五三八年）、それまでは信仰といえば神道《しんとう》であった。したがってその呼び名も特に必要ではなく、惟神道《かんながらのみち》などそれぞれ自由に呼んでいた。しかし仏教が伝来したことで、区別するために呼び名が必要になって「神道」という言葉が作られた（漢語の転用）。

さらに、公伝以後、仏教は活動拠点として次々に寺院を建築する。それまで日本にはなかった建築様式であり、規模も大きかったことから、日本人の関心を大いに集めることになった。

こういった仏教の攻勢に危機感を抱いた神道人——物部氏など——は、寺院への対抗から、同様の建築物を造ることにしたのだ。これが「神社」である。つまり、六世紀以前には神社はなかったのだ。

とはいっても、神社の原型はあった。神道は元来「自然信仰」であるから、特別な山、特別な樹木などには供え物をしたり、拝礼したりする。それは縄文時代からすでにおこなわれていたものだろう。

そうすると、特定の山の麓や、特定の樹木の根方には、簡素な祭祀場が自然の成り行きのままに出来上がる。やがてそこには簡単な屋根や柱が設けられ、「やしろ」と呼ばれるようにもなる。その前で祭祀（お祭り）もおこなわれる。神社は、この「やしろ（社・屋代）」を大幅に増改築する形で造られたものだ。

寺院には仏像を安置する本堂があるが、これにならって神社でも御神体の鎮座する本殿が設けられた。

神社建築は時代とともに様々な様式を生み出すが、古式の典型は二種とされる。すなわち、大社造りと神明造りである。それ以外の神社建築は、このどちらかをアレンジしたデザインとされている。

なお、古代のままの神社と寺院はなんとなく似ているが、それは同時代に競い合って造られたという歴史があるからかもしれない。

社殿建築がそうであれば、その名称も同様である。

各地で最も古い由緒をもつ一宮などには、そもそも特定の名称はなかった。つまりこれも「必要がなかった」のだ。たとえばその地域で「大社」といえば、誰もが同一のものを即座に思い浮かべたことだろう。出雲大社クラスになれば、隣接する数カ国においても、単に「大社」とのみで通用していたかもしれない。伊勢神宮の正式名称は「神宮」であるが、こちらは今なおそれを貫いている。

「出雲大社（いずもおおやしろ／いずもたいしゃ）」が正式な名称となったのは明治四（一八七一）年であって、それ以前は「杵築大社（きずきのおおやしろ／きづきたいしゃ）」であった。しかし江戸時代の文献や図版では「天《あめの》日《ひ》隅宮《すみのみや》」が多いように見受けられる。ちなみに、文献によって以下の名称が使われており（これら以外にも数種類ある）、統一されたものは存在しない。

天《あめの》御《み》舎《あらか》（古事記）
天日隅宮（日本書紀）
厳《いつかし》神《のかみ》之《の》宮《みや》（日本書紀）

出雲大神宮（日本書紀）
所造天下大神宮《あめのしたつくらししおおかみのみや》（出雲国風土記）
天《あめの》日《ひ》栖宮《すみのみや》（出雲国風土記）
杵築大社（延喜式）
杵築宮（釈日本紀）
杵築大神宮（和漢三才図絵）

出雲大社は、オオクニヌシが国造りを終えて、いよいよその全権を天つ神に委譲する時（国譲り）、その隠居所を出雲に建てさせた。公式にはこれが、出雲大社の起源である。

その規模の雄大さは『古事記』に「底つ石根に宮柱太しり立て、高天原に氷木高しりて」と記されているが、ようするに柱は地をつらぬき、屋根は天に届くほどであった。

社伝によれば高さが三二丈（九六メートル）あったという。東大寺の大仏殿がその約半分であるから、いかに巨大なものであったか想像される。しかし、その後、建て替えて一六丈（四八メートル）となり、現在はさらにその半分になっている。記録によれば、その高さのため本殿はしばしば転倒しているとのことで、それを思えばあながち誇張とも言えないのかもしれない。

それでは、これほどに巨大な宮殿を建てた理由は何か。当然理解されるのは、オオクニヌシの偉大さである。天つ神は国を生んだが、その国を実際に切り開いて造り上げたのはオオクニヌシであった。

大国主神は多くの別名をもつことでも知られている。例えば、『古事記』『日本書紀』だけでも、大穴牟遅神《おおあなむぢのかみ》・大己貴命《おおなむちのみこと》・大穴持命《おおあなもちのみこと》・八千矛神《やちほこのかみ》・葦原醜男《あしはらのしこお》（葦原色許男神《あしはらしこおのかみ》）・大物主神《おおものぬしのかみ》・大國魂《おおくにたまの》神《かみ》・宇都志国玉神《うつしくにたまのかみ》などとみえる。このように別名が多いのは、この神がそれだけに神威神徳が豊かであることを示しているとの説もあるが、また元来は別々の神々であったものが大国主神として統合されたとの説もある。

『古事記』によると、この神は須佐之男命の六世の孫にあたる。須佐之男命《すさのおのみこと》から葦原の中つ国を引き継ぎ、少名毘古那神《すなびこなのかみ》の協力を得て、国造りを完成させた。その後、迩迩藝命《ににぎのみこと》の天孫降臨に際してその国土を譲り、出雲の地に隠れたとされる。

ところが、大社の歴史をたどると、とんでもないことが判明する。実は、江戸時代初期の寛文四（一六六四）年まで、出雲大社（杵築大社）の祭神はスサノヲであったのだ。もともとは（創建当初からかどうかは不明）平安時代前期まではオオクニヌシであったのだが、その後のおおよそ八〇〇年間は祭神はスサノヲだったというのが歴史的な事実なのである。そしてふたたびオオクニヌシとなって、現代まで三五〇年ほどになる。

どうしてこんなことが起きたのかというと、仏教系の古伝承（中世出雲神話）ではスサノヲが国造りをおこなったとされているためである。祭神を変更したのは、神仏習合で神宮寺（神社を管理する寺）となっていた天台宗鰐淵寺《がくえんじ》だとされている。

これに対して、出雲国造家《こくそうけ》が記紀の記述に従って旧に復すべきとして、寺社奉行を通じて幕府の認可を得たのが江戸時代初頭。そして全国に先駆けていち早く廃仏毀釈・神仏分離が実行された。これによって、境内を埋め尽くしていた仏教関連の施設や堂塔などことごとく破却あるいは撤去された。そして本殿にはふたたびオオクニヌシが鎮座されたのだ。

ところで、八〇〇年間も出雲大社に祀られていたスサノヲは、その後どこへ行ってしまったのか。大社にお詣りしたことのある人はご存知と思うが、大社本殿の真後ろに小ぶりの神社が建っている。これを、素鵞社《そがのやしろ》という。大社本殿を見守るように鎮座するその祭神こそは、スサノヲである。

元を正せば、オオクニヌシはスサノヲの娘のスセリビメ（須勢理毘売命《すせりびめのみこと》）を妻としているので、スサノヲは義父ということにもなる。出雲神話には、オオクニヌシはスサノヲの支配する根の国から、スセリビメを連れて地上へ帰還したと記されている。そして、持ち帰ったスサノヲの神宝である剣、弓矢、琴を使って敵をことごとく打ち破り、ついに国（豊葦原の中つ国）の主となった。つまり、間接的にスサノヲの力を借りて政権を打ち立てたともいえるだろう。国譲りして幽界に隠れたオオクニヌシは、神霊となって出雲大社に鎮座してなお、義父スサノヲに見守られているということか。

寛文五（一六六五）年、北側に新たに素鵞社を創建して、スサノヲはそちらへ遷座した。この際に神殿域は拡張された。この時に大社の本殿拝殿も修築されている。

これ以前には、大社の北側に国造の北島家が館を構えていた。オオクニヌシに復するに当たって神域境内を拡張するため、北島家は大社の東に移った。素鵞社は元は北島國造館であった場所に鎮

火災で焼失する以前の出雲大社拝殿

現在の出雲大社拝殿

座している。

ちなみに、出雲大社の巨大な注連縄《しめなわ》は、そのうちに鎮座する神の「偉大さ」を示しているわけではない。祀る者たちの恐怖心畏怖心の大きさを表しているのだ。写真は昭和二八（一九五三）年に焼失した拝殿と、再建された現在の拝殿であるが、再建された際に注連縄はさらに巨大化しているのは多分に観光的な演出と思うが、元々の注連縄もじゅうぶんに巨大であった。

では、注連縄とは何か。古事記神話の天《あま》の岩屋戸《いわやど》の段に、注連縄の意義がはっきりと書かれている。岩屋戸に注連縄を張り巡らしたから、もう二度とアマテラスは入ることはできないというものだ。入ることも出ることもできないということは、すなわち封印の証しである。出雲の神社は、その多くが巨大な注連縄で封印されている。それは、多くの神が怨霊神であることの証しであろう。しめ縄とは、閉め縄、つまり封印なのである。

ところで「イズモ（イヅモ）」という呼称は、政治的な蔑称である。ツチグモ（土蜘蛛）やクズ（国栖、国樔、国巣）、エビス、エミシ（蛭子、蝦夷）、ハヤト（隼人）、クマソ（熊襲）等々がそうであるように、ヤマト人が、各地の土俗の人々を貶《おとし》めて名付けた呼称の一つである。

にもかかわらず、「イズモ」が、さながら神々しいかのような印象となっているのは、現在用いられている漢字によるものだ。いわば印象操作であるだろう。「出雲」すなわち「雲が湧き出す」となれば、悪い印象を持つ人は滅多にいないだろう。神の国・出雲のイメージ作りにも大きく寄与している。

出雲の語源についての誤解もあるだろう。風土記に書かれていることから、宣長もそのように認識しているると記しているが（石上私淑言《いそのかみのささめこと》）、「八雲立つ」の和歌由来というのは誤解である。

卑字を吉字に置き換えるという手法は、かなり早くから始まっている。いわゆる好字令（諸国郡《しょこくぐん》郷名著好字令《ごうめいちょこうじれい》）が、『古事記』成立の翌七一三年に早くも勅令発布されているということは、漢字についての日本人の理解が急速に深まったことを示唆するものであるだろう。『古事記』では、漢字の意味についての無知からくる恥辱的な用例が多数見られるからだ。

「倭」（ワ、ヤマト）という漢字はその典型である。本来は「弱い」「小さい」などのネガティブな意味であって、支那（china）の文書で用いられたものを、そのまま使っていたが、『日本書紀』で基本的に改めた。

『旧唐書《くとうじょ》』（九四五年成立の唐の歴史書）は、「倭国自ら其の名の雅ならざるを悪《にく》み、改めて日本と為す」と記している。

たとえば「ヤマトタケルノミコト」は、倭建命（古事記）から、日本武尊（日本書紀）に改められた。日本人は日本語と、以後そうやって生きてきた。「出雲」という表記も、そのような傾向風潮の反映によるものであるだろう。

重要なのは、その訓み、つまり訓読である。「いづも」は「いづ・くも」からの変化である。「いずる・くも」ではない。一般に馴染みのある漢字を当て嵌めるなら、「伊豆」と「蜘蛛」であろうか。もともと万葉仮名では「伊豆毛」と表記されている。その語源は「斎《い》つ」ではないかとの説がある。「斎《いつき》」「斎《い》つ」は「忌《い》む」の意である。したがって、「忌まわしい蜘蛛」という意味が本来のものということになる。土蜘蛛や蛭子、熊襲と同類と指摘したのはそういう理由によっている。したがって、そのような呼称を、みずから名乗るはずもなく、当然ながらこれは他者から押し付けられた呼称であるだろう。「イズモ（イヅモ）」と呼んだのは、誰か。それは、国譲りを強制した者であり、出雲の地へ流し、封じ込めた者であるだろう。

出雲大社へお詣りしたことのある人は、参道が下り坂になっていることに気付いた人も少なくないと思う。これを「下り参道」、そしてその行き着く先に祀られる神社を「下り宮」と通称する。日本は山岳列島であるから、神を祀るにふさわしい場所を見つけるのはさほど難しいことではない。見上げる場所はそこかしこにあって、わざわざ低地に降りていって、見下ろすような場所に神祀りする必要は基本的にないだろう。そもそも神を見下すなどという姿勢は、神を敬う心とは相反するものである。事実、日本のほぼすべての神社が、そうではない場所に鎮座している。

しかし、現にそういう神社がごく少数存在するのだ。延々と続く「下り参道」を下りきった谷底に出雲大社は鎮座する。出雲大社は本州の地の果てに建てられたのだが、のみならず、谷底の湿地に建てられたのだ。この地は現在二本の川に挟まれているが、要するに川が氾濫すれば水浸しになり、おそらくは川の流れも時代によって移り変わるため、河川敷や中州のような地質であっただろう。このような地質の場所は、通常住宅が建てられることはない。神の住まいである神社となればなおさらであろう。にもかかわらず、そこに、出雲大社は建設された。出雲の祖神であるスサノヲが初めて宮殿を構えた須我の地は、スサノヲみずから「すがすがしい場所だから、ここにしよう」と決めたという伝承がある。なのに、このようなすがすがしくない場所に大社は建設されたのだ。

現在出雲平野と呼ばれる地域は、かつて海であった。出雲平野が完全に現在の姿になったのは二〇〇〇年ほど前である。斐伊《ひい》川と神戸《かんど》川の流出土砂が堆積して、平野部は徐々に形成された。杵築大社が創建された当時、そこは海辺であった。それ以前の縄文時代には、大社の境内地は、海であった。弥生時代に入って砂州となり、まもなく平野となったのだ。

今でも、大社の建つ場所は、いわば底地であり、斐伊川と神戸川という二本の川に挟まれた一種の中州であり、湿地である。

平成一二年に、境内遺跡から巨大な宇豆柱《うづばしら》の根元が発掘されたが、往古の姿を偲ばせる姿であったのは豊富な地下水による保存力のおかげである。つまり、大社の地面の下は、たっぷり保水している状態なのである。

出雲平野の地盤は軟弱だ。とりわけ出雲大社のある西部地域は、神戸川の流出泥砂と、三瓶山《さんべさん》の噴火による堆積物によって形成されている。

ちなみに、現在、出雲大社本殿の建つ境内地の標高は、海抜一〇メートルである。つまり、一〇メートル以上の津波が来た場合には冠水することになる。日本海では津波は発生しないという俗説が蔓延《はびこ》っているが、昭和五八(一九八三)年に起きた日本海中部地震(マグニチュード7・7)では一三メートルの津波が観測されたし、平成五(一九九三)年の北海道南西沖地震(マグニチュード7・8)では三〇メートルの津波が観測されている。過去一〇〇〇年間に、日本海での津波の記録は八件ある。近年の放水路整備によって、どちらも洪水の危険はほぼ回避されているようであるが、それ以上の天変地異に対しては今なお無力である。

ところで、出雲神話をいくら読んでも、オオクニヌシの〝偉業〟が読み取れないのはどうしたことだろう。ここに書かれているのは、ウサギを助けた話と、兄神たちから繰り返し殺される話と、スサノヲにいじめられる話である。そして母に助けられ、妻に助けられ、ネズミに助けられる話だ。いったい、これらのどこが英雄なのか。

強いて言えば、ウサギに治療法を教えたことだけではないか。しかしはっきり言って、この程度のことなら、なにもオオクニヌシでなくとも誰でもできる。

『古事記』が讃えているのは「具体性のない偉大さ」である。なにしろ闘うシーンがまったくない。勇敢勇猛な描写も形容もまったくない。頭脳明晰な対応もない。つまりオオクニヌシの何が優れているのかということについて、具体的には何も書かれていないのだ（『日本書紀』にはいくつか書かれているが）。それなのに抽象的観念的に偉大だとしている。情けないような逸話ばかり書いておきながら、「偉大だ。信じろ」というのだ。

そして最後にいきなり「国譲り」である。国をそっくりそのまま寄越せというムチャな要求なのに、本人は何の抵抗もしないで、唯一抵抗したのは次男のタケミナカタのみ。しかしタケミナカタは地の果て諏訪へ追いやられて国譲り交渉はこれにて終了。唯一の交換条件は「立派な隠居所をつくれ」であった。

出雲大社并国造館之図／大社の西側（向かって左）が千家國造館、東側が北島国造館。それぞれの國造館と大社との間に川が流れている。

『古事記』は、何よりもまずオオクニヌシの国家建設の逸話を書くべきではないのか。たとえば各地の蛮族を次々に従えたり、豊かな国作りのための国土開発や治水灌漑を各地でおこなったり、都城を建設したり、大規模な国家祭祀を営んだり、記さなければならないことはいくらでもあるだろう。

「国引き」は、史実であろう。といっても、むろん伝承のままに土地を引き寄せたわけはなく、地理的に変動があったという意味である。かつて宍道《しんじ》湖や中海はそのまま海であって、陸続きではなかった。そのことは地質研究その他からすでに証明されている。しかし後年、海が後退したか、陸が隆起したかのいずれかによって、陸続きとなったのだ。その古い記憶が伝承されて、神話化した。

出雲大社（杵築大社）は記・紀成立の直前頃に建設されたものであろう。それ以前は、鶴山方面から素鵞川が流れ込み、亀山方面からは吉野川が流れ込み、現在の拝殿辺りでそれら二本の川が合流していた。つまり、そもそも現在のような社殿を建てられる環境にはなかったのだ。合流点の八雲山寄りに小祠が祀られていて、後にこれを大規模に建て替えたものが現在の出雲大社（杵築大社）の前身であるだろう。

出雲国造家が、八世紀の初めまでは意宇を本貫地として、熊野大社の祭祀に専従していたことは記録からも明らかになっている。

川の流れが変わり、境内地が現在に近いものになり、国造が移り来たる。――このタイミングこそは、巨大な社殿が建設されて、国家レベルの鎮魂慰霊祭祀がおこなわれるようになった時なのではないだろうか。

（※出雲大社についての詳細は拙著『オオクニヌシ　出雲に封じられた神』参照）

六章　山陽道の神々

大和政権が成立して以後、都は常に畿内にあって、その間、先進文明は大陸であったから、瀬戸内海の航路、および瀬戸内海に面した陸路は、国家の最重要の〝動脈〟であった。シルクロードの最終路も山陽道であって、文物はこの道を経由して都へもたらされたのだ。

その恩恵を無条件に受けていたのが山陽道沿いの国々である。おかげで古来豊かな繁栄を享受した。

南側に瀬戸内海、北側に中国山脈という地理的条件に恵まれて、居住環境として快適なばかりでなく、温暖肥沃な土地柄は農耕にも適している。この地域で信仰されてきた神々に渡来系が多いのは、海人族である彼らがいち早くこの地の美点に着目したからである。

伊《い》和《わ》神社・中《なか》山《やま》神社

播磨国一宮は、伊和《いわ》神社（兵庫県宍粟市一宮須行名）である。祭神は、大己貴神《おおなむちのかみ》、少彦名神《すくなひこなのかみ》、下《した》照姫神《てるひめのかみ》であるが、記紀神の名は後付けのもので、古来「伊和大神《いわのおおかみ》」と呼ばれてきた。その正体は不明であるが、「伊和」という名がヒントになる。

渡来系とされる一文字姓は、全国にかなり古くから定着しているが、一文字かつ一音の姓氏は限られている。その中には「伊」氏がある。

ちなみに井《い》、伊《い》、紀《き》、記《き》、喜《き》、津《つ》、那《な》、野《の》、帆《ほ》、与《よ》――などがあるが、このうち伊《い》、記《き》、喜《き》、与《よ》は奄美地方のみに特有の姓である。対馬守護代の宗《そう》氏、琉球王家の尚《しよう》氏なども一文字姓であることを考えれば、奄美地方に一文字姓が少なからず存在するのは地理的な理由によるだろう。とくに、奄美地方に「伊」姓があるのは、偶然ではないだろう。古来、海人族の活動範囲は中国江南から朝鮮半島、そして日本列島の沿岸部全般にわたり、自在に往来していた。奄美地方と紀伊半島は、それらの中でもとくに関わりが深い。また、沖縄にもかつて「伊」姓があったことが確認できる。首里系の奥川氏は、その家譜を遡ると「伊」氏に発するという。海人族のつながりを思えば、奄美や沖縄の「伊」氏は、古代の海人族・伊氏の名残かもしれない。

太田亮『姓氏家系大辞典』には、「伊」姓について「百済族にて、天平宝字五年三月紀に〈百済人伊志麻呂、姓を福地造と賜ふ〉と見ゆ。万葉集九に伊保麻呂とあるも此族なるべし」として、百済渡来氏族であるとしている。伊志麻呂、伊保麻呂の後裔は、下賜された姓によって以後は福地造、福智造等と名乗ったことから、この系統の「伊」姓は自然消滅している。

紀氏から紀野氏が作られているように、伊氏は「伊＋〇」の姓を新たに作っていることは考えられる。「伊＋〇」の形を採る姓は、全国に少なくない。たとえば伊藤氏は一〇〇万人を超えているが、あまり古い発生ではない。伊勢の藤原を意味する新たな姓氏である。つまり、ここで考証している伊氏との直接の関係はない。

また、島津家家臣には伊集院氏、伊作氏があり、古くからの豪族であるが、紀氏に発する一族という。こちらは、つながりがありそうだ。

歴史上最も古い登場は伊吉連博徳《いきのむらじはかとこ》である。伊岐、壱伎とも記す。飛鳥時代の貴重な文書『伊吉博徳書』（六九五年以降に成立）は、彼が第四次遣唐使に随行した時の記録であって、『古事記』（七一二年）『日本書紀』（七二〇年）より古い。周の第十一代・宣王の後裔とされる渡来氏族である。


紀伊半島生え抜きの姓氏であり、右に触れた伊藤氏の由来にもなっている地名・姓氏――「伊勢」がある。さらに「伊賀」もある。姓氏としては伊賀氏は伊賀国に発する、そして伊勢氏は伊勢国に発すると、いずれも地名発生であるが、それではその地名はそれぞれどのような由来かというと、これが実は不明である。伊賀も伊勢も、元々の地名の由来は判然しない。伊賀は、猿田彦の娘・伊賀津姫《いがつひめ》の所領であったことから名付けられたと『伊賀国風土記逸文』にあるが、吾娥津媛《あがつひめ》が元の名であって、むしろ地名に沿って伊賀の字が充てられたと思われる。

伊勢は、瀬が多いことから五十瀬《いせ》と呼ばれており、ここに伊勢の字を充てた、とするのは『日本書紀通証』など。また、イソ（磯）の転、とするのは『日本古語大辞典』である。

「賀」「勢」はいずれも嘉字であったのでこれに置き換えたとするならば、そもそもなぜイガ・イセなのか。伊賀も伊勢も「伊」に由来するかもしれない。伊賀は、伊氏一族を賀するの意であろうし、伊勢は、文字通り伊氏一族の勢いを表す地名ということになる。ということは、伊和は伊氏の「和」を祈ることになる。そのために社祠《しゃし》として伊和神社が設けられ、伊和大神を祀るなら、氏神としてふさわしいといえるだろう。

実は「伊」で始まる神名は一〇〇柱余に上る。同一の神の別名もあるが、それでも一〇〇に近い数は「伊」文字への特別な依存がなされていると考えるべきだろう。神名は神社に伝承される独自のものも少なくないためすべてを確認するのは難しいが、それでもおおよそ三〇〇〇に及ぶ神名が確認されている。その三〇分の一が「伊」で始まることになる。尊字貴字は無数にあって、とくに「伊」の字を選ばなければならない理由はない。そう考えれば、この事実は「伊」字の偏重を示している。

伊香色雄命《いせしこおのみこと》、伊久比売命《いくひめのみこと》、伊佐須美神《いさすみのかみ》、伊豆山神《いずやまのみ》、伊太代之神《いたてのかみ》、伊都伎嶋神《いつきしまのかみ》、伊氐波神《いではのかみ》、伊吹《いぶき》戸主神《どぬしのかみ》、等々。

むろん伊和大神も、その中にある。そしてこの神は記紀神話に登場しない神である。といっても、実は記紀神話に登場しない神のほうが多いのだが。もともと各神社に伝承される祭神名は、その多くが土俗神であって、記・紀、旧事紀が伝える神話には登場しないものがほとんどだ。山の神や海の神、岩の神などの自然信仰由来の神は、後付けで日本神話のいずれかの神になぞらえられたものが多い。

伊和大神は播磨国を作り固めた神であり、天日桙命《あめのひぼこのみこと》と戦ったと『播磨国風土記』のみに記されている。ちなみにアメノヒボコは新羅国王の子であり、出石《いずし》神社の祭神である。なお、「出石」は古くは「伊都志」と記す。これもまた「伊」で始まる。

美作国《みまさか》一宮は、中山《なかやま》神社（岡山県津山市一宮）である。主祭神は鏡作神《かがみつくりのかみ》、相殿神は天糠戸神《あめのぬかどのかみ》と石凝姥神《いしこりどめのかみ》である。

当社は、あまりにも凡庸な名称であるためか、研究対象となる機会は少ないが、古くから朝廷の信仰も篤く、国家非常の時には勅命によって国家安穏を祈願している。武家の崇敬も篤く、宏壮雄大な本殿を中心に、平安時代初頭より参詣者は引きも切らないほどに盛況であった。

現在、社名は「なかやま」と読んでいるが、かつては「ちうぜん」「ちうさん」と音読みであった。通常、神社名は当初は大和言葉で、後に漢音（音読み）になることは多々あるが、その逆はほとんどない。

そのゆえもあるのか、古代中国の地誌『山海経《せんがいきよう》』に登場する「鉄の国・中山経」に由来するという説もある。主祭神は鏡作神であるが、産鉄の神・金山彦命《かなやまひこのみこと》との説もある。「かなやま」が「なかやま」に変化したとも考えられる。

社伝によれば、慶雲四（七〇七）年四月三日創建としているが、これにも異説がある。美作国は和銅六（七一三）年に備前国から分離独立している。その際に、吉備中山から勧請《かんじよう》創建されたとするものである。ちなみに、備中一宮の吉備津《きびつ》神社と備前一宮の吉備津彦《きびつひこ》神社は、いずれも吉備中山を神体山（神奈備《かんなび》）としている。当社もそうであろうと考えても不自然ではない。しかし、いずれも確証はない。

本殿の裏手を五〇メートルほど森に入ると、見上げる岩壁の中腹に「猿神社」がある。神社といっても小さな祠《ほこら》であって、手前下には拝殿もある。ここは巨大な磐座《いわくら》で、地名を古来「贄堂《にえんどう》」という。現在の里宮が建設される前は、この磐座そのものが、もともとは中山神社であったようだ。

通常、本殿のこの位置にある山や祠は、神体山であり奥宮である。祭神は猿田彦神とされているが、ここに祀られているのは「猿神」である。猿田彦神としたのは後世のことで、元々の神にとくに名はない。しかも本殿の祭神と何のつながりも見出せない。だからなのか、猿神社は中山神社の奥宮という説は皆無である。

しかしながら、『今昔物語集』や『宇治拾遺物語』に「中山の猿神」として登場しており、かなり古くからの奇妙な謂われが伝えられている。

ある若者が旅の途次、この地に差し掛かると、老夫婦と美しい娘が泣いていた。理由を問うたところ、山の大猿に毎年、娘を生け贄として差し出すことになっていて、今年はこの娘の番なので泣いているという。若者は一計を案じて、娘の代わりに自分を長持に入れて献上しろという。

献上された長持を前に猿たちは酒盛りをして大いに酔う。そしていよいよ長持を開けようとしたところ、中から若者が飛び出して、酔いが回った猿たちを次々に切り捨てる。そして最後に首領の大猿を押さえつけて首を切ろうとしたところ、平身低頭して許しを請うた。二度と悪事は働かない、そしてこの一宮の皆のために平和と繁栄を必ず招来する、と約束したので放免した。するとそれ以後、毎年豊作で一宮は大いに栄えた。そこで人々は、猿神社を祀って大事にしたところ、一宮はますます栄えたという。

スサノヲのヤマタノオロチ退治と、鬼祭りを合体させたような伝承である。しかしこの縁起に基づくのであれば、大猿を成敗した若者こそが中山神社本殿の主祭神で、助けた娘が妃神として相殿に祀られるべきだろう。

もしかすると本殿の神は、主祭神は中山彦の神であり、相殿か配祀に中山姫の神で、猿神社の猿神を封じるために創建されたのかもしれない。

吉備津《きびつ》神社

備中国一宮は、吉備津《きびつ》神社である。岡山県岡山市北区吉備津に鎮座する。

そして実は、備前国一宮は吉備津彦《きびつひこ》神社で、備後国一宮は吉備津《きびつ》神社であるが、両社とも「延喜《えんぎ》式神名帳《しきじんみょうちょう》」不記載であるため、本書では一宮から除外している。

備前国一宮　吉備津彦《きびつひこ》神社　岡山県岡山市北区一宮
備中国一宮　吉備津《きびつ》神社　岡山県岡山市北区吉備津
備後国一宮　吉備津《きびつ》神社　広島県福山市新市町宮内

備前、備中、備後の三カ国は、もともと吉備国という一つの国であったが、豊かな国であり、面積も特別に大きいところから、いくつにも分けられて別々に統治されたものである（前項にも記したように、美作国も元は吉備国であった）。

したがって、備中以外は同名の吉備津社であっても、その際に勧請して創建されたものである。つまり、本来の吉備津社は「備中国の吉備津神社」のみである。

主祭神はいずれも大吉備津彦命《おおきびつひこのみこと》。第七代・孝霊天皇の第三皇子で、元の名は彦《ひこ》五十《い》狭《さ》芹彦命《せりひこのみこと》という。四道将軍の一人であって、崇神天皇一〇年に山陽道に派遣され、吉備全土を平定した。その子孫が吉備国造となり、以後、吉備氏を名乗る。

この土地は肥沃であって、穀物の黍《きび》が豊富に収穫できたことに由来する地名であろうと思われる。「桃太郎伝説」のキビ団子もこの事実に由来するものであるだろう。また、「吉備」の字は、後に好字令にともなって選ばれたもので、したがって「吉備津彦」という名乗りはそれ以後のことであるだろう。吉備津彦は桃太郎のモデルであるとされているが、彼が退治した「鬼」が、実は吉備津彦神社に祀られている。吉備津彦神社の境内末社・温羅《うら》神社がそれで、祭神は温羅和魂《うらのにぎみたま》である。

「温羅」（うら、おんら）という呼び名がどこから来たものか不明であるが、吉備津彦神社の伝承ではこれが鬼の名前ということになっている。訓読が確定しないのは、元々が漢字であるということであろうから、渡来であろう。

伝承によれば、温羅は、吉備国の外から飛来して、つまり外国から来訪して、この地方に製鉄技術をもたらしたとされる。それによって、この後、吉備は刀剣などの名産地となる（その後、備前長船《おさふね》などの名刀を産み出したことで備前刀工は名高い）。

そして温羅は、難攻不落の鬼ノ城を拠城として吉備一帯を支配するようになったという。

統治権を奪われた土着の者たちは、奪い返すべく朝廷へ訴えた。

時の崇神天皇は、四道将軍の一人であった吉備津彦命を討伐軍の将として差し向けた。

討伐軍は、現在の吉備津神社の場所に本陣を構えた。

戦端が開かれると、吉備津彦命は矢を一本ずつ射たが、矢はすべて岩に飲み込まれて効果がない。そこで命は、一度に二本の矢を射たところ、温羅の左目に命中した。

すると温羅は雉《きじ》に化けて空へ逃げたので、吉備津彦命は鷹に化けて追ったところ、今度は温羅は鯉に化けて水中に逃げたので、吉備津彦命は鵜《う》となって、ついに温羅を捕らえ、討ち取った。

討ち取られた温羅の首は晒されたが、首はしばしば目を見開いて唸り声を上げた。

それを民衆が怖れるので、吉備津彦命は、犬飼武命《いぬかいたけるのみこと》に命じて首を犬に食わせて骨としたが、それでもなお静まらなかった。

そこで吉備津彦命は、吉備津宮の釜殿《かなえどの》の竈の地中深くに温羅の頭蓋骨を埋めたのだが、それからも唸り声は一三年間にわたって鳴り響いた。

そんなある日、温羅の霊が吉備津彦命の夢に現れた。そして「わが妻、阿曽媛《あそひめ》に、釜殿の神饌《しんせん》を炊かせよ」と告げた。そしてその通りに神事をおこなうと、唸り声はついに静まった。これ以後、釜殿では神饌を炊くことによってその年の吉凶を占うようになった。これが現在まで続く「鳴釜神事」である。

吉備地方には多くの遺跡が残されているのだが、なぜか吉備津彦命関連の遺跡よりも、温羅関連の遺跡のほうがかなり多い。伝承によれば右に紹介した通り、悪鬼として討伐されたことになっている。しかし実は、地元では温羅は人々に親しまれていたのかもしれない。朝廷に訴えたのは民衆ではなく、それまで統治権を持っていた立場の者だろう。朝廷も、渡来人に統治権を渡すわけには行かず、武力で対処したということではないだろうか。当時最先端の製鉄技術は、中央政府が直接管轄するという強い政治的意向もあったかもしれない。

ちなみに、吉備津神社（中山茶臼山古墳）が吉備津彦の墳墓で、吉備津彦神社は温羅の墳墓であろうと私は推測している。両社は、距離にしてわずか二キロメートルしか離れていない（間に中山があり、中山の吉備津神社側に御釜殿はある。茶臼山古墳の麓になるので、吉備津彦が温羅の怨霊を抱え込んで押さえつけている形になる）。

「鬼」が祭神名に含まれる神社は（九鬼氏・鬼頭氏などの個人名を除く／渡来の新しい信仰である

吉備津神社の御釜殿（撮影・著者）

吉備津神社の御釜殿の内部（撮影・著者）

鬼子母神＝八社を除く）、全国に一五社ある。わずかな数であるが、おそらくは祭神を鬼そのものとするには氏子の支持が得られないために別の呼び名とするか、あるいは相応の記紀神に置き換えて元の鬼神を隠すことによって、ここまで少数になっているのだろう。

　とすれば、むしろはっきりと「鬼」を祭神の名として標榜しているのは、よほど強い信仰があったのだろうと想像される。すなわち、当該地域の氏子たちは、なんらかの恩義を抱いていたのであるだろう（※「鬼」についての詳細は拙著『鬼とはなにか』参照）。

厳島《いつくしま》神社（伊都岐島《いつきしま》神社）・住吉《すみよし》神社

安芸《あき》国一宮は、厳島《いつくしま》神社である。いわゆる「安芸の宮島」であって、日本三景の一つとして全国的に人気のある観光地になっている。

　元は「伊都岐島神社」と表記していたが、好字令の影響で吉字に変更されたもので、厳島の文字にはとくに由緒はない。「神に斎《いつ》く島（神に仕え祝う島）」が語源であって、古くから島そのものが神として信仰されている。本殿背後の神体山（神奈備《かんなび》）弥山《みせん》は、空海が開山したとの伝説があるが、根拠はない。それよりはるか昔から瀬戸内全域で信仰されていた。

九世紀頃から真言密教の修験道場として栄えたために、弥山という仏教的な名称になっているが（須弥山《しゅみせん》が訛ったものという）、元は「御山《みやま》」と呼ばれていた神山であった。山頂近くには御山《みやま》神社が鎮座し、厳島神社の奥宮となっている。しかし近年、山頂には展望台が建造されてしまって、観光客が引きも切らず押しかけており、きわめて残念な有様になっている。日本の絶景ポイントとしてミシュランが三ツ星評価したことも悪影響をもたらしている。

祭神は、市杵島姫命《いちきしまひめのみこと》、田心姫命《たごりひめのみこと》、湍津姫命《たぎつひめのみこと》の三神。いわゆる「宗像三女神《むなかた》」である。つまり、当社は海人族の信仰する神であって、元々は御山信仰があって、その後に海辺に宗像神を祀る神社が創建され、さらに一二世紀になって平家が大規模な社殿を建築したという歴史である。

日本史の教科書では「源平の合戦で平家は滅亡した」と書かれているが、しかしもちろん、平氏の血筋が途絶えたわけでなく、「平氏の政権」が失われ、一族の主だった人たちが多く亡くなった、ということである。「平家」というのは、平清盛（一一一八〜一一八一）の一族のみを称する呼び名で、他の平氏は平家とは呼ばないからだ。だから「平家は滅亡」したが、平氏は滅亡していない。

長門国一宮の住吉神社（山口県下関市一の宮住吉）も、代表的な「海の神」である。海人族は「住むに良し」とする土地に拠点を構えて、次々に住吉神社を創建した。大阪摂津の住吉大社、福岡博多の住吉神社と当社とで「日本三大住吉」とされる。

本殿は住吉独特の様式で、第一殿から第五殿まで真横に並び、第一殿に、住吉三神（表筒男命《うわつつのおのみこと》・中筒男命《なかつつのおのみこと》・底筒男命《そこつつのおのみこと》）、以下、第二殿に応神天皇、第三殿に武内宿禰命《たけのうちのすくねのみこと》、第四殿に神功《じんぐう》皇后、

厳島神社全景、背後に弥山

大鳥居

長門国一宮・住吉神社本殿

第五殿に建御名方命《たけみなかたのみこと》が祀られている。

しかし本来の祭神は住吉三神のみであって、他はすべて権威付けのための借用であろう。八幡神は海人族とのつながりはあるが、武内宿禰や建御名方は、ほとんど関わりがない。『日本書紀』には住吉神の神託がそもそもあって、それが創建由来だと記されている。

下関は瀬戸内海と外海を往来するには最重要拠点であって、この地を掌握することは海上・陸上ともに主導権を握ることができる。海人族は各地の「津」を押さえることで覇権を確立してきたものであるが、それらのなかでも摂津と博多津は二大港であり、下関はその間を確保する地勢上の意義がある。近代に入る直前まで長州が力を持っていたのも、ひとえに下関を確保していたことが大きな要因の一つだろう。

ちなみにこれほどの大社古社でありながら、この地に古くからの信仰は根付いていない。周囲に神体山と思われる山岳はなく、神々の降臨伝承も遺跡もほとんどない。神社の宝物も含めて、奈良時代以降の歴史的遺物や遺跡があるばかりである。本来であれば、本書の一宮＝根源神社にはふさわしくないのだが、設定条件に合致しているため取り上げる。

なお、摂津国一宮は住吉三神の和魂《にぎみたま》を祀り、こちらの長門国一宮は荒魂《あらみたま》を祀るとされている。神功皇后が戦勝祈願した際に降臨し、

「吾和魂は玉身に服《まつら》いて寿命を守り、荒魂は先鋒となりて師船を導かん」

と託宣があったという。そして凱旋した後には、

「吾荒魂を穴戸の山田邑（現在地）に祀れ」

との託宣があって、この地に創建したものという。長州の〝荒魂〟は、どうやらここまで遡るようである。

七章　南海道の神々

南海道は、ほぼ四国であるが、本州からなぜか紀伊国だけが入っている。紀伊国は畿内でもなく、東海道でもなく、南海道であるという。

紀伊国（和歌山市）加太《かだ》港から、海路で淡路国（洲本市）由良港に上陸し、（南あわじ市）福良《ふくら》港からまたもや海路で、阿波国（鳴門市）撫養《むや》港から四国に入るということになっている。

しかしこのようなルートで四国に行く者は、当時も今もきわめて少数であろう。淡路島を経由して本州と徳島県を最短距離で往来するのは今も昔も変わりはないが、紀伊国を南海道とするのは、どうやっても地理的に無理がある。

ところが、伊勢の斎宮《さいくう》と、淡路島の伊勢久留麻神社《いせくるまじんじゃ》は、北緯三四度三二分を東西に貫くレイラインの上にある。名称もともに「伊勢」であって、その間に「紀伊」はある。

しかも、四国八八カ所の巡礼は、最終ゴールが高野山である。ここは、元々は丹生都比売《にうつひめ》神社（紀伊国一宮）の聖地であって、それを空海に譲った（とされる）ものである。古来、信仰上はつながりがあったようだ。

日前宮《にちぜんぐう》（名草宮《なぐさのみや》）（日前《ひのくま》神宮・國懸《くにかかす》神宮）

紀伊国一宮は、日前宮《にちぜんぐう》である。日前《ひのくま》神宮と國懸《くにかかす》神宮の二社の総称であって、同一の境内（和歌山県和歌山市秋月）に鎮座している。別名、名草宮《なぐさのみや》ともいう（おそらく古名）。

日前神宮の主祭神は、日前大神《ひのくまのおおかみ》で、日像鏡《ひかたのかがみ》を神体とする。

國懸神宮の主祭神は、國懸大神《くにかかすのおおかみ》で、日矛鏡《ひぼこのかがみ》を神体とする。

両神ともにここに独自の神であって、他にはほんの数社の分祀勧請はあるが、記紀にも神名はない。アマテラスの日神に対して日前神（日の前の神）であるから、日前大神《ひのくまのおおかみ》は特別な神であろう。國懸大神《くにかかすのおおかみ》は、同レベルであると示しているが、真意は不詳。矛《ほこ》とは両刃の鉄剣のことであるから、つまり日矛とは、その刃面が鏡のように姿を映すもので、日神アマテラスを映すために造られたところから日矛の名になっているのかもしれない。國懸神宮の神体が日矛鏡となっているのは、鏡のような剣であろうとも考えられる。

こういった由来からも察せられるように、日前宮は特別な存在であった。これほどの由緒ある古社でありながら、朝廷はあえて神階を贈らず、伊勢の神宮とともに特別のものとした。氏姓を贈られる者は臣下であり、だから天皇のみは氏姓を持たない、という論理と共通するものがここにはあ

日前宮

る。伊勢の内宮と外宮の関係を思わせる。

神体の二つの鏡は、ともに八咫鏡《やたのかがみ》に先立って造られたものと伝えられるので、日前宮の来歴は国家創建に関わる宮であるのだろう。代々当社を祭祀する紀伊国造（きのくにのみやつこ、きいこくそう）家、すなわち紀《き》氏が天皇家に対して特別な地位にあることも示唆される。

なお、紀伊国一宮は丹生都比売《にうつひめ》神社（和歌山県伊都郡かつらぎ町）、伊太祁曽《いたきそ》神社（和歌山県和歌山市伊太祁曽）の両社もそのように伝えられている。

とくに伊太祁曽《いたきそ》神社は、現在日前宮の鎮座する地に元はあって、その地を譲り渡して遷移したものである。これを「紀伊国の国譲り」と伝えている。おそらくは、同じ海人族の天神であったが、血統上の本流である紀氏に遠慮したものだろう。饒速日《にぎはやひ》が彦火火出見《ひこほほでみ》（神武天皇）に譲ったのと同様であろう。

丹生都比売《にうつひめ》神社は、背後の山上の平地である高野《たかの》（天野《あまの》）に降臨する神（高野神・天野神）を信仰する、紀伊国で最古の神社である。社家は天野祝《あまののほうり》（丹生祝《にうのほうり》）で、丹生氏として今に続く血統である。おそらく伊太祁曽神社よりも古くから信仰される、この地の地主神であるだろう。しかしながら、神仏習合によって霊地を剝奪されて、真言宗の教化に利用されたことから、早くに本来の信仰を失った。紀伊国一宮は本来は丹生都比売神社であるべきと私は考えているが、残念ながら早くに衰微して、もはや元に戻るのも不可能なほど変貌している。それでも、紀伊国にとって、丹生都比売神こそは最も重要な神であることに変わりはない。そこで本書では、日前宮が第一であることは認めながらも、信仰の根源に迫るには、むしろ丹生都比売神社を探索しなければならないと考える。しかも、丹生氏は紀氏と同族である。

丹生都比売神社には、ワカヒルメはオオヒルメの妹で、姉妹は一緒に渡来したという伝承がある。ニウツヒメ（ニフツヒメ）とはワカヒルメ（稚日女尊）の別名とされるが、記・紀には登場せず、別名のワカヒルメは『日本書紀』の「一書」にのみ登場する。いわゆる「岩戸隠れ」の段。この経緯の中のエピソードの一つ。

——斎服殿《いみはたどの》で神衣《かむみそ》を織っていたアマテラスのところへスサノヲが斑《まだら》の馬の毛皮を生き剝ぎにして放り込んだので、アマテラスは機織りの梭《ひ》で怪我をしたとされる（※梭とは機織りの横糸を通す器具）。

これを「一書」では、ワカヒルメが斎服殿で神衣を織っていたところへ、スサノヲが斑馬の生皮を放り込んだので、驚いて機から落ちて、持っていた梭で身体を傷付けて亡くなったとしている。——記・紀に登場するのはこれだけだ。ワカヒルメがニウツヒメであるかどうか、またアマテラスの妹であるかどうかは、もちろんこれだけでは判断できない。歴史的にも姉妹説は中世以降に広まったものだ。

ただ、記・紀に登場しないからといって新しい神であるとは限らない（むしろ逆が多い）。全国各地に記・紀成立よりはるかに古くから祀られている民俗神・土俗神は少なくないのだ。後から記・紀の神々に比定して（当てはめて）「同体」や「別名」とされた例や、記・紀の神を加えた例などもしばしば見られる。

ところで「神名」とは、さしずめ古代の情報を登載する〝遺伝子〟である。私たちはこの〝遺伝子〟を読み解くことによって、核心の答えを得ることができるだろう。そして、神名は素直に名付けられたに違いない。古代の人々が神の名を唱えるには、素直に思いを言葉に託したと考えるのが自然というものだろう。難解な神名などあるはずがないのだ。だからいずれの神名も、それがいかなる意味か、簡単にわからなければおかしい。

それではニウツヒメという神名はどのような意味か。「ニウ（ニフ）」とは「丹《に》」の鉱脈のことだ。丹とは、水銀と硫黄の化合物で、赤い土壌として露出する。辰砂《しんしゃ》とも呼ぶ。

ちなみにニウツヒメの神名表記は次の四種である。

①丹生津比売神（比売命・比咩命・姫神・姫命）

②丹生都比売神（比売尊・比売大神・比売乃命・比女神・比咩神・姫命・命）
③丹生神（大神・大明神・姫命）
④丹津姫命

「ツ」のない例もあるが、あっても「津」は港であるし（あるいは単に「の」の意味）、「都」は町のことである。そして「ヒメ」は言うまでもなく女性神のこと。

このように意味がわかれば、名前というよりも、一種の代名詞であることが理解できるだろう。つまり、ワカヒルメの別名というよりも別称である、と。ワカヒルメは「若い日女《ひるめ》（日霎）」であるというまさに神の名であり、その役割や位置付けを示すのがニウツヒメなのである。あえて言えば、ワカヒルメはニウツヒメの「本名」であるだろう。

ニウツヒメを祭神とする神社は全国に一〇八社余。うち実に七〇社以上が和歌山県にある。まさに紀伊の神である。祭神は以下。

第一殿　丹生都比売大神（丹生明神）
第二殿　高野御子《こうやみこ》大神（狩場明神）
第三殿　大食津《おおげつ》比売大神（気比明神）
第四殿　市杵島《いちきしま》比売大神（厳島明神）

わが国屈指の古社であるが、創建の年代は不詳。『丹生大明神告門《のりと》』では、祭神の丹生都比売大神は紀ノ川川辺の菴田の地に降臨し、各地の巡行の後に天野原に鎮座したとしている。しかし記・

紀いずれにも、ニウツヒメの名は見られない。丹生都比売神の名の国史の初見は、『日本三代実録』貞観元（八五九）年である。延喜式神名帳では「紀伊国伊都郡 丹生都比女神社 名神大月次新嘗」と記載されている。

また、ニウツヒメは、高野山《こうやさん》の鎮守神でもある。『今昔物語集』には、密教の道場とする地を求めていた空海の前に「南山の犬飼」という猟師が現れて高野山へ先導したとの記述があり、南山の犬飼は狩場明神と呼ばれ、後に高野御子大神と同一視されるようになった。

降臨伝承とは、降臨地を「始祖の地」とするために採用されるもので、その意図はいくつかに分かれる。より強力な聖地を見出したゆえに、それを取り込みたいとする例もあれば、ときには前歴を隠したい例もあるだろう。ニウツヒメの降臨伝承は、ワカヒルメからの変身・転換にあるのではないか。天皇家・ヤマト朝廷からの離別を宣することによって、紀伊を一種の独立王国としたのではないか。少なくとも、ニウツヒメを祀る神社が和歌山地域に集中している理由になるだろう。

丹すなわち辰砂の採掘による経済力は強大で、ヤマト朝廷に拮抗するだけのものであったはずである。その経済的、宗教的基盤の全面的支援を受けたのが空海である。都から遠く離れた高野山の地を選んだのは、ひとえに丹生一族との連携、一体化によっている。

ニウツヒメの本名とされるワカヒルメを祭神とする神社は全国に一一一社。ただし、和歌山県には一社のみしかない。比較的多いのは岡山県一三社、鳥取県一〇社、あとはすべて一桁である。これは「住み分け」であろうと考えられる。完全に別の神であるならば同一地域に鎮座していて不思議はないが、それが見られない。紀伊ではニウツヒメ、紀伊以外ではワカヒルメで祀ったと考えるべきだろう。

なお、私の調査した限りでは埼玉県北西部から群馬県南部一帯にもかなりの数の丹生神社がかつて存在したのだが、その後祭神が替えられたり、社名が替えられたりしたものがいくつもあって、この数には入っていない。現在は別の神社ということになっている。

おそらく他の地域でも同様の事情はあったはずである。丹、すなわち辰砂の採掘が激減するとこぞって新たな土地に移住するか、祭神を替えたものが少なくない。武蔵地域の丹生神社は武蔵七党の第一である丹党《たんとう》の氏神である。埼玉県秩父から児玉地方一帯、また群馬県南西部にかけてを中心とした古代豪族だ。中心となる神社は、埼玉県児玉郡神川の金鑽《かなさな》神社。祭神は天照大神、素戔嗚《すさのお》尊《みこと》、日本武尊となっているが、これは後世のものと思われる。当社には本殿がなく、拝殿のみで、背後の神体山そのものを拝礼するという原初の信仰形態になっている。古代において、山を拝む必然があったことを示しているだろう。

丹党の発祥の系譜についてはいくつかの説があるが、紀伊国造家より発したという説が有力だ。丹生系図によれば、丹生都比売の祝家《ほおりけ》となった大丹生直《おおにゅうのあたい》丹生麿《にうまろ》の後裔・丹貫主峯時《たんかんしゅみねとき》が丹党の祖となる。丹党は、古代より秩父地方から群馬にかけて大いに栄えてきたが、その力の源泉は産出される豊富な「丹」にあった。奥州藤原が金を産出したのに対して、秩父平氏が銅、そして丹党は文字通り「丹」を掌握することによって力を得たのだ。丹＝辰砂は、わが国ではすでに弥生時代から採

丹生都比売神社本殿

掘されていた。

そして丹党は、丹生神社（丹生都比売）を祀ることで一族の結束をはかった。この一帯には各地に祀られて、その中心が金鑽《かなさな》神社。金鑽の字は後世のもので、古くは金佐奈《かねさな》と記される。これは「金砂《かなすな》」に由来するものだ。ちなみに常陸の金砂神社もやはり丹の謂われをもつもので、「かなさな」と「かなすな」は元は同じである。

しかし先述したように、金鑽神社をはじめ、この一帯の丹生神社は祭神を丹生都比売から変えてしまったところが少なくない。奥秩父の両神神社も、元は丹生明神と呼ばれていたが、社名も祭神も変わってしまった。おそらくは、丹の産出が尽きたためだろう。

ワカヒルメ（稚日女・若日女）は、オオヒルメ（アマテラス）の若き日の名だという説と、妹だという説とがあるが、妹か否かはともかく、アマテラスとは明らかに別の神格である。ワカヒルメを祭神とする神社は一一一社を数える。中心的な神社は、神戸の生田神社。主に近畿・中部に集中しているが、和歌山県には一社のみ。この不自然さにもしかるべき理由がなければならない。

あちこちに残る記録や伝承を総合すると、一つの「伝説」が浮かび上がる。

――紀元前二世紀頃、航海技術にすぐれた呉人は船団を組織して、新天地のヤマト国へ向かった。金属採取技術にすぐれた越人も参加しただろう。彼らが推戴していたのは呉の王女たる姉妹である。呉国や越国のある江南地域は、古くから日本と交流があった。江南とは異なり山岳が大部分である日本には、銅や水銀などの鉱脈が多いことは早くから知られていた。姉妹は父から渡された王家の宝器を伴っていた。王家の証である金印と、宮の銀鎰《ぎんいつ》（銀のカギ）と、そして氏祖・太伯から伝わる銅鐸である。金銀銅の三種の神器である。

『丹生都比売神社史』によれば、丹生氏の故地は筑前の伊都とされている。紀伊に移住した際、故地にちなんで伊都郡の地名がつくられた。紀伊国の主な水銀産地（すなわち丹生）が伊都郡内にあるのは偶然ではない。

丹生氏一族は、淡路を経て紀伊に入り、紀ノ川上流を拠点に、中紀・南紀、奈良県の吉野・宇陀方面に勢力を広げる。紀ノ川下流域においては、土地の祭祀家の名草比古命《なぐさひこのみこと》を婿養子に迎えて、流域を支配していた五十《いそ》猛命《たけるのみこと》の一族とも連携する。五十猛命を祀る伊太祁曽《いたきそ》神社の奥宮は丹生神社であり、丹生都比売命と丹生都比古命に天照大神を配している。

丹生都比売神社の宮司家である丹生《にう》氏は、日前宮の宮司家である紀氏の出である。紀氏は、天道《あめのみち》根命《ねのみこと》を祖神としている。アメノミチネは初代・紀伊国造である。

と、ここまではほとんどの資料が一致しているのだが、さてそれではアメノミチネはいずこからやってきたのかというと、二つの説がある。

『旧事紀《くじき》（先代旧事本紀《せんだいくじほんぎ》）』では、ニギハヤヒに同行した神。降臨の際に護衛として随行した三二神の一だ。後に、ジンムへの国譲りにともなって紀伊国造に任命されることになる。

これに対して『紀伊続風土記』では、ニギハヤヒではなく、ニニギの降臨に随行したとする。その後、ジンムによって紀伊国造に任じられるのは一緒なのだが、ここだけが異なる。

ニギハヤヒか、ニニギか。いずれも天神なので素性ははっきりしているのだが、どちらの系譜かによって大きな違いがある。ニギハヤヒはジンムに国譲りして臣従したのだから、天神とはいいながら臣下なのである。一方、ジンムはニニギの直系で、初代天皇（大王《おおきみ》）である。つまりニニギの子孫であれば、天皇家と同族ということになる。

しかし『紀伊続風土記』は、はるかに時代も下った江戸時代、天保一〇（一八三九）年に、幕府の指示によって紀州藩によって編纂されたものだ。つまり、政治的に利用される機会を与えられた文献なのである。『紀伊続風土記』ではそれまでの伝承と異なる「ニニギの降臨随行」としたが、これはアマテラス＝ジンム系に連なるための後世の作為によるものだろう。

紀氏は、天皇家に匹敵するだけの古い由緒がありながら、歴史的には一族の中から目立った地位に人の立つことがほとんどなかった。『紀伊続風土記』の編纂は、この名家にとって世に知らしめる千載一遇のチャンスだったのだ。当時の紀州藩主・徳川斉順《なりゆき》は、御三卿の一家である清水家から転出したもので、大きなチャンスと考えたとして不思議はない。御三家の一として、紀伊紀州藩の威信を高めることは徳川宗家において自らの地位を高めることになる。領地も臣下もない御三卿と異なり、紀州は大藩である。ここに由緒も加わればさらに強い立場となる。

「紀」という氏姓は、日本で最も古く、最も由緒ある氏姓である。同等の由緒ある天皇家には公式には氏姓・苗字はないことになっているので、まぎれもなく紀氏が最も古い。一般には『古今和歌集』の選者である紀貫之《きのつらゆき》の名で馴染みがあると思うが、紀氏は神代の昔から現代に至るまで文字通り連綿と続く氏族である。土佐の山内氏や肥後の細川氏、薩摩の島津氏などがどれほど名家だといっても、たかだか数百年のことだが、紀氏は初代が紀伊国造に、そして日前宮の宮司家としておよそ二〇〇〇年もの間、紀伊和歌山の地にある。これは、奇跡的な事実なのだ。

丹生氏一族は、ニウツヒメを奉戴して紀伊の辰砂採掘をおこなった。この地域の水銀鉱脈は豊富であった。その財力はこの地に一種の独立国家を建設・維持するにじゅうぶんなもので、空海・高野山もその恩恵によって成立したものだ。

しかし鉱脈というものはいつかは尽きるものだ。紀伊の鉱脈が掘り尽くされたのを契機に、一族の一部は播磨に移住。また、別の一族は新たな鉱脈を求めてさらに東へ移り行く。三重、岐阜、長野、静岡、千葉、埼玉、群馬に残る彼らの足跡は、あることによって辿ることができる。——それこそはすなわち、ニウツヒメを氏神として祀ることである。

一方、紀氏は、一族関連の古墳から馬具類が出土しているところから、騎馬民族系であると考えられている。ニギハヤヒに随行して降臨したという伝承も、やはりそれを示唆している。

ということは、海人族系の丹生氏が紀氏の系譜に連結したことになるのだが、そうしなければならないような理由はないのにどうしたことだろう。となれば、ここで基本的な疑問を提示しなければならないだろう。すなわち「ワカヒルメはオオヒルメと姉妹である」という前提への疑問である。そもそも姉妹説は丹生都比売神社の伝承のみにあって、他の文献には見当たらないのだ。他の伝承のいずれにも「妹」は登場しない。

つまり、ワカヒルメ（ニウツヒメ）はオオヒルメ（アマテラス）の妹ではなく、元々紀氏から出た丹生氏の氏神ではないのか。もし姉妹であるとするならば、むしろ主流であって、臣従した紀氏よりも上位のはずである。したがって、紀氏から出たという丹生氏の系譜に偽りはなく、むしろオオヒルメと姉妹であるということが偽りであろう。

紀伊との関係は偶然で片付けられない。太伯の呉王家の姓が「姫」であって、天皇家の姓も「姫」ではないかとの伝承もあり、紀伊国造家の姓は「紀」である。いずれも「キ」と発音する。日本の姓に一文字はけして多くないが、さらにそれが一音であるのはきわめて少ない。一文字姓というのは、もともと支那の習わしである。そういった事情を鑑みても、「キ」姓の一致は決して偶然ではないだろう。本来は同一でありながら、天皇家《おおきみ》への遠慮でもあったと考えることもできそうだ。

『日本紀私記零本』にある問答を紹介しよう。これは、勅命によって天皇に博士が『日本書紀（当時は『日本紀』）』を講じたものの記録である。平安時代に前後七回おこなわれた。その中の天皇から博士への問答に次のものがある。

「天皇は問う。わが国を姫氏国と呼ぶのは、どのような理由によるのか。

博士は説明する。支那ではわが国のことを東海姫氏国と呼んでいます。それは、氏祖神の天照大神が女神であり、神功皇后が女帝であるなどの理由によって、姫氏国と称しているのです」（訳は筆者による）。

ここでは「女性神」「女帝」に理由を求めているが、偶然の一致にすぎない。また、その延長で、ヒルメという名であったから、それに基づいて「姫」という姓氏を称したのではないかという説もあるが、それは逆であろう。もともと姫は「キ」とは読んでも「ヒメ」とは読まない。オオヒルメが姫氏を名乗っていたことから、ヤマト言葉のヒメという言葉が「女性の王族」を意味する言葉として使われるようになったと考えるのが自然というものではないか。そしてその後、「姫」という文字のみが一人歩きして、姫氏という呼び名は実際にはほとんどつかわれないために、「ヒメ＝姫」の用法のみが広まったとも考えられる。

それではなぜ、「姫」姓を名乗るのをやめたのか。それは「天皇号」の制定と直結しているだろう。天武一〇（六八一）年、天武天皇の詔により、律令編纂が開始された。この時、制度としての天皇の位置付けが定まった。すでにそれ以前から天皇は「氏姓（うじ・かばね、しせい）」を与える存在・機関と位置付けられていたが、律令によって唯一無二の存在となり、天皇以外の者は氏姓を与えられる存在となった。すなわち与える者と与えられる者の厳格な区分区別である。

この立場の違いは、神と人の違いに匹敵すると知らしめることになる。天皇を「現人神《あらひとがみ》」と位置付けるためである。この思想は後世、吉田松陰が唱道した「一君万民」に直結する基本思想であり、実はそれこそが日本の律令国家の本質である。したがって、天皇に氏も姓もあってはならないことになる。もしあれば、それは誰から与えられたのかということになり、天皇の上に存在する何者かを示唆することになるからだ。天皇は究極の存在として君臨することによって、律令制の保証たりうる。氏姓を与える立場であるというところから、さらに一歩踏み出して、次元の異なる地平へ到達したと言えるだろう。天武天皇の発想がこの独自の制度、特異な思想を生み出した。（※紀氏についての詳細は、拙著『ヒルコ』参照）

なお紀伊国においては、熊野三社を対象とする熊野信仰が、全国規模の巨大なものとして知られている。ここに挙げた一宮《いちのみや》三社のいずれの信仰をも凌駕しているといえるだろう。

しかし実は、古代においては熊野は辺境の土俗信仰の一つにすぎなくて、神仏習合となって仏教や修験道の要素が融合されるまでは、信仰圏もさほど広いものではなかったようである。熊野信仰の象徴的存在である熊野川そのもの（熊野本宮大社の御神体）も、一級河川に指定された一九七〇年当時は新宮川《しんぐうがわ》というのが正式名称であったが、地元の通称である熊野川に、この後変更されたものである（一九九八年に法定）。

大麻比古《おおあさひこ》神社

阿波国一宮は、大麻比古《おおあさひこ》神社である。社名の「大麻」は「たいま」とも読むことは子供でも知っているだろう。

大麻比古神社　徳島県鳴門市大麻町《おおあさちょう》

【祭神】大麻比古神《おおあさひこのかみ》（配祀）猿田彦大神

すでに東海道の章で述べたが、国名の「あわ」は「粟」に由来する。これこそは「神の恵み」であったからである。阿波は後世の当て字である。さてそれでは、「大麻」と「粟」にはどのような由来があるのだろう。

大麻比古神社奥宮が鎮座する大麻山（戦前の絵葉書）

縄文土器の「縄文」とは、文字通り「縄《なわ》で付けた文様」のことであることは誰もが承知していると思うが、土器の表面にギザギザに刻印されている文様は、粘土に縄を押し付けて縄目を装飾としたものだ。では、縄文時代の縄は、何で作られた縄であったのか。農耕文化が主体となる以前のことであるので、当然ながら稲藁《いなわら》も麦藁《むぎわら》もなかった。しかも、縄文時代には何かの廃物として縄の素材が発生するわけではなく、「縄作り」という目的のために素材を集めなければならない。つまり、その素材は縄文人の暮らしにとって大いに役立つものであり、きわめて重要なものでもあった。そしてその名残りが、現在なお神社・神道に引き継がれている。神社の注連縄《しめなわ》や鈴縄などは、すべて縄文土器の文様を刻んだ縄と同じ素材の縄である。縄文土器は三〇〇〇年ほど前に作られなくなったが、その縄は縄文人に用いられ続け、今なお神社・神道において用いられている。

それは「麻縄《あさなわ》」である。青麻《あおそ》で綯《な》われた縄である。実は、神社の鈴縄やち茅の輪は麻で作られている。そして何よりも、注連縄は麻藁《あさ》で作られるのが本来である。近年では麻が貴重で高価であるため、稲藁や麦藁で作られることも少なくないが、上等なものは麻藁・麻糸で作られている。しかも、枯れたものではなく、若く青い新しい茎を用いる。だから、作られたばかりの注連縄や茅の輪は薄い緑色をしており、青草の香りが匂い立つ。

毎年、年末に神社から氏子へ、伊勢神宮の御神札《おふだ》が配布される。神棚の中央（もしくは一番手前）に納められる最上位の神札であるが、これを「大麻札《たいまふだ》」（神宮大麻・伊勢大麻）という。

伊勢の大麻札は「御真《ぎょしん》」という杉の棒が包まれている。この棒は、元々は「大麻《おおぬさ》」であった。大《おお》麻《ぬさ》とは、神前でお祓いをおこなう際に参詣者の頭上で左右左と振る祭具で、別名「祓串《はらいぐし》」「麻柱《あなない》」とも称して、白木の棒の先端に紙垂《しで》と麻苧《あさお》を束ね括り付けた形態のものである。伊勢神宮や春日大社等では、麻苧のみで作られており、より古い形態である。麻苧とは、麻の繊維のみで作られた糸のことである。「おおぬさ」は、「ぬさ」の美称であり、「ぬさ」とは麻のことであるから、麻のみで作られたものが本来の姿である。この大麻《おおぬさ》（祓串《はらいぐし》）を、伊勢講においては御師《おんし》が講中の人々のお祓いをおこなった後、箱に納めて頒布したのが大麻札の起源である。

神社では、最初にまず大麻《おおぬさ》による修祓《しゅばつ》（お祓いの儀式）を受けるので見たことがあるはずである。巨大なハタキのような祭具のことだ。結婚式や七五三、地鎮祭等でもまず最初にこれが行われる。参拝者のケガレを祓い清める祭儀であって、いわば簡易の「禊《みそ》ぎ」である。「ぬさ」がケガレを吸い取る、とされる。

「幣《ぬさ》」は、幣という字を充てているように、幣帛《へいはく》のことである。幣帛とは、神前に供える供物の総称であって、もとは「みてぐら」と言っていたのだが、とりどりの供物を捧げる代わりに、供物の代表として「幣《ぬさ》」を供えるようになり、「幣」はさらに麻糸のみの地味なものから変化して、色とりどりの錦《にしき》を棒に挟んで捧げて神を喜ばせるというようになっていった。

地鎮祭などでは、空き地の中央に忌竹を四本立てて注連縄を張り、案（白木の台）に供物を供え、大麻《おおぬさ》を立てる。そして祝詞を奏上し、大麻で修祓を行う。ここに神殿はない。代わりに、案上中央に御幣・幣束を奉り、神の依り代としている。

また、多くの神社では御幣を本殿正面や、屋敷神の中央に置いて装飾ともなし、あるいは本殿奥に祀り、御正体とすることもある。

大麻は祓え具であり、幣帛は供物であり、御幣、幣束は依り代である。もとは同一のものであるが、現在では呼び名も意味も混在している。しかしいずれにしても元々は大麻《おおぬさ》であって、大麻はヒモロギ（神籬）の簡略化である。ヒモロギは、生木である榊の枝に木綿《ゆう》や麻苧《あさお》、紙垂《しで》等を下げたもので、古来依り代としても祓串としても用いるが、その榊を保存性の良い白木に代えて象徴的な意匠としたものが大麻である。

このような次第で、神社神道において大麻《おおぬさ》がきわめて重要な役割を果たしていることがおわかりいただけたかと思う。神道祭祀の最もシンプルな形は、神と大麻《おおぬさ》と人という構図である。大麻《おおぬさ》が、神と人を媒介する。

伊勢神宮では、大麻用材伐始祭《たいまようざいきりはじめさい》の二週間後には、機殿神社《はたどの》で神御衣《かんみそ》（神が着用する衣服・神に捧げる衣服）を織る作業が始まる。

神服織機殿神社《かんはとりはたどの》は、和妙《にぎたえ》すなわち絹布を織る。
神麻続機殿神社《かんおみ》は、荒妙《あらたえ》すなわち麻布を織る。

なお地元では、次のような別称がある。

神服織機殿神社＝下機殿《しもはたでん》、下館《しもだち》、右門《うもん》。
神麻続機殿神社＝上機殿《かみはたでん》、上館《かみだち》、左門《さもん》。

これらは一種の状況証拠であるだろう。一般に絹は麻の上位であるかのように思われているが、上機殿、上館、左門という呼び方によって神宮では麻が上位であることを示唆している。そしてそれら織物の由来は、なお深い意味を教えてくれる。すなわち、絹は弥生時代の初め頃に大陸江南から伝わったとされるが、麻は、すでに縄文時代の遺跡から発掘されており、一万数千年以前からわが国に根付いていている。縄文土器の文様に使われていた縄は、麻縄である。そして縄文人の衣服も麻織物・麻布であった。

なお、麻という呼称は、近年になってから外来の亜麻《あま》（リネン）と苧麻《ちょま》（カラムシ）を含めた植物繊維を総称するようになったため、本来の麻（ヘンプ）についてはひときわ背の高いところから大麻（おおあさ・たいま）とするようになったものである。そして大麻のみが、古来、日本に自生しており、ほんの七〇年ほど前まで全国で様々な活用がなされて来たものである。

そのゆえに、全国に「麻」という字の付く地名は少なくない。東京の麻布《あざぶ》などは全国区の知名度であるだろう。また苗字にも麻生や麻田、麻原、麻川など少なくない。いずれも麻畑や麻織物に由来している。そしてそれらが命名されたのは、「麻」との関わりを誇るがゆえであるだろう。もし仮に、当時「大麻取締法」があったなら、これらの地名も苗字も誕生しなかったに違いない。

なお、「大麻《たいま》」の麻と、「麻薬」の麻の字が同じなので、大麻も麻薬と誤解されていることもあるかと思うが、実はこれはもとは異なる文字である。大麻《たいま》の麻は「あさ」であることは先に述べた通りであるが、これに対して麻薬の麻は、本来は「痲」という字で、「しびれる」と訓《よ》む。つまり「痲薬《まやく》」という表記が本来である。では、なぜ現在は同じ字なのかといえば、一九四六年から数回にわたって当用漢字を定めた際に、旧字から新字に変更されたためである。痲痺《まひ》や痲薬などは「麻《あさ》」とは無関係であるにもかかわらず、麻痺・麻薬というように簡略化した表記になった。これが大麻をそれらの〝仲間〟であるかのように思わせる原因となった。

現在では「大麻《たいま》」と聞けば、おおかたの日本人は引いてしまうことだろう。「大麻所持」で芸能人が逮捕されたというニュースを目にすることは珍しくない。しかし日本には「大麻取締法」という法律があって、所持・吸引などは犯罪であり、懲役刑まで定められているので、決して軽い犯罪ではない。この法律自体には根本的な問題が潜んでいるのだが、ここではこれ以上深入りしないことにしよう。

かつてわが国は大麻先進国であった。その活用において戦前まではおそらく世界一の先進国であったと思われる。大麻の活用の最たるものは、すでに紹介したように大嘗祭《だいじょうさい》を始めとする神道祭祀においてのものであるが、そのことに大きく寄与した氏族がいた。これを忌部《いんべ》（斎部《いんべ》）氏という。

忌部氏は、記・紀の天岩戸の段に登場する天太玉命《あめのふとだまのみこと》を祖とする。天岩戸開きは祭りの原型でもあるので、すなわち最も古い祭祀を執り行ったいわれを持つ氏族である。橿原《かしはら》の忌部を本貫地とし、各地の忌部を統率して朝廷の祭祀を司った。古代において、朝廷の祭祀執行は忌部氏が第一であった。

ところが新興の中臣氏が、大化の改新以後、同族の藤原氏の権力を背景に朝廷祭祀の主力となり、これより急速に忌部氏は勢力を失った。なお、中臣氏は天児屋命《あまのこやねのみこと》を祖とし、こちらも天岩戸開きに登場している。そして記紀の記述においては天太玉命《あめのふとだまのみこと》より重要な役割となっている。

そこで、平安時代初期に、「忌《い》む」という字から「斎《いわ》う」という吉字に改め、さらに一族の斎部《いんべの》広成《ひろなり》が『古語拾遺《こごしゅうい》』を著して、忌部（斎部）氏の上位性を説いた。

中臣（藤原）氏の手になる『古事記』『日本書紀』が、それぞれ七一二年、七二〇年に成立し、忌部（斎部）氏の『古語拾遺』はこれらに遅れること数十年の八〇七年に成立である。拾遺では、天太玉命《あめのふとだまのみこと》を高皇産霊尊《たかみむすびのみこと》の子としているが、記紀にはその記述はない。

相前後して中臣氏と忌部氏の争い——伊勢神宮奉幣使の正当性についての相訴は忌部氏勝訴となったが、すでに実態は中臣氏にあり、以後ますます藤原氏は朝廷において隆盛をきわめることとなって、もはや忌部（斎部）氏の復活はなかった。八一五年成立の『新撰姓氏録』には、神別（天神）として「斎部宿禰《すくね》　高皇産霊尊の子の天太玉命の後裔」と記載されている。

それでも品部《ともべ》（職業集団）としての忌部は各地でその役割を果たし、地方氏族として足跡を残している。『古語拾遺』では、天太玉命に従った五柱の神を「忌部五部神」として、各忌部の祖としている。以下に役割と祖神、氏神社を示す。

伊勢の忌部　刀・斧の貢納　【祖神】天目一箇命《あめのまひとつのみこと》（忌部五部神）

▼長深御厨神明社《ながふけみくり》　三重県員弁郡東員町

【祭神】天照大神（合祀）譽田和氣命 天津兒屋根命 大鷦鷯命 須佐之男命 宇迦之御魂神 天目一箇命 豊受比賣命 天津日子根命

紀伊の忌部　材木の貢納　宮殿・社殿造営　【祖神】彦狭知命《ひこさしりのみこと》（忌部五部神）

▼鳴《なる》神社　和歌山県和歌山市鳴神一〇八九

【祭神】速秋津彦命 速秋津姫命　天太玉命

阿波の忌部　木綿・麻布の貢納　【祖神】天日鷲命《あめのひわしのみこと》（忌部五部神）

▼大麻比古《おおあさひこ》神社（阿波国一宮）　徳島県鳴門市大麻町

【祭神】大麻比古神（天太玉命）

讃岐の忌部　盾の貢納　【祖神】手置帆負命《たおきほおいのみこと》（忌部五部神）

▼粟井《あわい》神社（刈田大明神）　香川県観音寺市粟井町

【祭神】天太玉命

出雲の忌部　玉の貢納　【祖神】櫛明玉命《くしあかるたまのみこと》（忌部五部神）

▼忌部神社　島根県松江市東忌部町

【祭神】天照大御神　天太玉神　天兒屋根神

その他、筑紫、安房、淡路、美濃、備前、越前など。また、伊部《いんべ》、員弁《いなべ》なども同族。

これらとは別に、京師の忌部があって、品部全体を管掌した。祖神を天太玉命《あめのふとだまのみこと》とし、忌部五部神の上位とし、秦《はた》氏・漢《あや》氏と並ぶ渡来系の名族である。これに対して、各地の品部は縄文の血脈を引く土着の人々であり、渡来系氏族である忌部首《いんべのおびと》（後に忌部連、忌部宿禰）の直接管理によってそれぞれの技術指導を受けて始まったものであるだろう。つまり忌部氏とは、その名の通り「忌事（祭祀事）」の部民として発したが、次第に品部をも含めた概念となる。そのゆえに、狭義では全国の品部を統率支配する中央氏族を指し、広義では支配された部民をも含む。つまり、祭祀氏族であるとともに一定の権力を持つ者と、各地で職業に従事する者との二重構造になっている。

なお、東国の安房《あわ》は、すでに述べたように四国の阿波《あわ》忌部が遷《うつ》ったことに由来するとされる（『古語拾遺』）。阿波には古くから麻が自生しており、縄文人は暮らしの中に取り入れていた。渡来の忌部氏はそれを組織的に栽培するよう指導したが、安房にも古くから麻は自生しており、こちらもやはり縄文人の暮らしの中に取り入れられていた。忌部氏は阿波で培った技術を部民ともども安房に持ち込み、祭祀の根幹に関わる麻の組織的生産を一手に掌握した。なお、安房の地名はアワビを献上したことに由来するとの説もあるが、安房が忌部氏によって麻の一大産地となったことには何ら変わりはない。

こうして歴史を振り返ってみると、忌部氏は「麻」をもって祭祀族として朝廷に深く関わったが、「麻」は残り、忌部氏は消えた、ということになる。つまり、忌部氏は縄文から続く「麻」の文化を朝廷に根付かせ、現代に続く神道の根幹となすことがその歴史的役割であったのだろう。後発の安房忌部は、いわば集大成であったのかもしれない。安房神社の祭祀形態がそれを示唆している。

では、そもそも阿波はなぜ「アワ（アハ）」なのかといえば、東海道・安房国一宮の項でも述べたが、古来この地が粟《あわ》の生産に適していたからであろう。そして粟は、稲の栽培が盛んになるはるか以前より、最も重要な産物の一つであり、太陽の恵み、大地の恵みの最たるものであり、すなわち神前に供えて感謝する象徴となる産物であった。そしてその名残は、天皇みずから執り行う宮中祭祀の大祭である新嘗祭《しんじょうさい》（大嘗祭《だいじょうさい》）において、供えるものが稲と粟であることにも示されている。これはすなわち、弥生と縄文の統合祭祀である。

なお麻は原始的な栽培は容易であって、とくに高度な技術が必要なわけではない。水利に恵まれた肥沃な土地であるならば、取り置きの麻の実を蒔いて水を掛けるのみで、ある程度の生育は図ることができる（一〇〇日間で三メートルほどの高さに生育する）。関東では、上総・下総すなわち茨城・千葉は特に麻の生育に向いていたとされ、地名の「房総」の「房」と「総」はともに「ふさ」と読むが、これこそは麻の意である。

また麻《あさ》は英語ではヘンプ（hemp）というが、ラテン語ではカンナビス（cannabis）という。そのゆえ、化学成分をカンナビノイドというのだが、とりわけその中の一つであるテトラヒドロカンナビノール（ＴＨＣ）は多くの薬理作用があって、医療で広く用いられており、また世界中で研究されている。日本では近年ようやく、日本臨床カンナビノイド学会が発足し、医学薬学に携わる専門家たちによって本格的な研究が始まった（※学会への入会資格は、医師、歯科医師、薬剤師、看護師、研究者など医療従事者のみ）。

すでに縄文人は体験でその効果のいくつかを知っていたのであろうし、後々、神社神道で祓え具の大麻《おおぬさ》として抜擢されるのはそのゆえであったのかもしれない。「麻酔い《あさよ》」をもってある種の〝神憑り《かみがか》〟と受け止めることは容易に想像がつく。神事の最後に直会《なおらい》を催すが、その媒介は「御神酒《おみき》」すなわち神前よりお下がりの酒をいただき、お下がりの供物（神饌）をいただくこと、すなわち神との共食である。これは、霊威の隠《こも》った飲食物を体内に取り入れることで、神霊の力を分け与えられることを意味している。酒による「酔い」は神と人との一体感、神事に関わった者すべての一体感を醸成するという効果もあるが、麻酔いも当然ながら同様の効果をもたらしたことだろう。

大麻草の群生が発見されて焼かれたというニュースを時々目にするが、焼き払っている間中、その煙とともに陶酔成分は周囲を覆い尽くす。古来、祭りには火が付きものであるが、大麻草をその火にくべて、住民全員が意図的に陶酔するような状況があったかもしれない。これを「ムスヒ（産霊・結）」と呼んでいたのではないかと私は推測している。

縄文人が土器土偶を焼くのは一年の中でも決まった日であったと思われる。おそらく春分秋分、冬至夏至であろう。その焚き上げは祭りそのものであって、その際に火に大麻草を入れたのは想像に難くない。夜通し火を焚き、麻に酔い、酒に酔い、歌い踊ったことだろう。神との一体感を醸成する祭りである。特に感受性豊かな体質の者は神憑り《トランス》状態になったとしても何の不思議もない。原始宗教にはそういった側面が付きものだ。

麻を収穫すると、わずかではあるが自然に陶酔成分を吸収することになる。これを「麻酔い《あさよい》」という。麻は他の植物とは違う――そのように縄文人は感じていたことだろう。いわゆる「麻酔い《あさよい》」を体験すると、麻の特別性に誰もが気付くことになる。麻畑に分け入って歩き回るだけでも多少感じるそうだが、刈り取りを行うとほぼすべての者が体感するそうで、そのピリピリする感じを嫌って麻畑での作業を忌避する者もいたという（現在の日本では、品種改良によって陶酔成分が生成されないものが産業用として栽培されている）。

すなわち、大麻比古神社の祭神・大麻比古神は、麻《あさ》の神であり、大麻《たいま》の神である。記紀神等の別名であるという説もあるが、別名で本性・正体を隠匿しなければならない理由はまったくない。古来、降臨せる神の名を、そのまま社祠の呼称ともして、忌部氏が祀り続けている神である。

なお、淡路国一宮である伊弉諾神宮《いざなぎじんぐう》は本書では根源社に数えないが、こちらは淡路国そのものが下国であるゆえであって、神宮の意義を疑うものではない。いみじくもその地名が示唆しているように、本来は「あわ」への通り「路《みち》」にすぎなかった。これを一つの国とするには無理があるだろう。

伊弉諾神宮《いざなぎじんぐう》（通称 一宮《いっく》さん、一宮皇大神宮《いちのみやこうたいじんぐう》、津名明神《つなみようじん》）兵庫県淡路市多賀

【祭神】伊弉諾大神

全国にイザナギ神を祭神とする神社は五〇〇〇社にも及ぶが、その大本である。

しかしながら、読者には素朴な疑問が湧いているかもしれない。そもそも淡路島に何故、イザナギ神宮があるのか。幽宮《かくりのみや》であったという神話の記述だけで、これほどの神社は造れない。神話の記述を元に建設された神社は全国各地にあるのだが、その種類は二つに大別される。とくに由緒のない土地に創建される場合と、そもそも聖地信仰が根付いている土地に重ねて建設される場合と

伊弉諾神社（現・伊弉諾神宮）を参拝する皇太子殿下（昭和天皇）

あって、両者には大きな違いがある。
ちなみに現代において新たな神社建設あるいは建て替えがほとんどないのは、ひとえに費用の問題である。そのような事情から考えれば、少数の特例を除いて、ほとんどの神社は現在の社殿が何らかの理由で失われた場合、もはや往古のままの姿での再建は難しいだろう。材木も葺き屋根も、それを扱う職人自体も手配が難しい。そして何より、莫大な建設費用の調達が難しいことだろう。そういう時代に私たちは立っているのだ。
そしてここ伊弉諾神宮は、淡路島という孤地にある。歴代の都から常に遠く、しかも特に栄えた地方都市があったわけでもない。それでも大社が築かれるのは、それほどに強い信仰によって支えられていたゆえだろう。
イザナギが、国生み神生みを終えて、ついに亡くなる時を迎えるが、聖典各書によって記し方は微妙に異なる。ひとり『古事記』のみが「淡海」

としているのだが、これを「淡路」の誤写とする説がある。淡海であれば近江国のことであり、多賀に鎮座する多賀大社こそがそれであるとして地元では古くから信仰されている。ただ、多賀社は延喜式では小社であって、『古事記』の記述をもとに官幣大社に列せられるのは大正時代になってからである。したがって、イザナギ神が祀られていることそのものは良いとしても、「神々の父」を祀る本宮とするのは無理がある。それゆえに、淡海ではなく淡路が正しいという誤写説は、実際に淡路国に伊弉諾神宮が鎮座するところから、広く支持されている。

イザナギは、国づくり、神生みを終えて、淡路国に幽宮を建てて隠れ給うた。この鎮座地・多賀こそは、神々の父たるイザナギ神の幽宮、すなわち墓陵なのだ。墓陵であればこそ、ここに伊弉諾神宮は建立された。ここは、神々の物語の始まりであり、終わりでもある。すなわち、神道信仰の究極の聖地霊地と言っても良い。

そして話は原点に返る。イザナギは、なぜ淡路国に埋葬されたのか。それは、この地がヤマト侵攻をおこなうための最初の上陸地だからである。そして紀伊半島の南端・熊野にはイザナミの墓伝承がある。花の窟である。

田村《たむら》神社・大山祇《おおやまづみ》神社・土佐《とさ》神社

讃岐《さぬき》国一宮は田村《たむら》神社である。香川県高松市一宮町に鎮座する大社であるが、この界隈の地理をあらためて解説すると、人口四二万人にも及ぶ、四国最大の拠点都市であって、しかもその真ん中に鎮座する。つまり、背後などの近隣地に神霊の依り代となりそうな山岳が存在しない。他の全国各地の一宮鎮座地と異なり、都市部（県庁所在地・四国の政治経済の中心拠点）・街区の真ん中であるから、周囲はすべて密集する住宅や商店などに隙間なく囲繞《いじょう》されており、完全な平地の真ん中に浮島のように当社は鎮座する。

しかし高松市が都市になったのは、言うまでもなく明治以後である。つまりほんの最近のことである。それ以前は、この一帯・讃岐平野は四国最大の平野であるから、稲作好適地であって、要するに一〇〇〇年以上にわたって見渡す限り水田が広がっていたに違いない。遠景には琴平山と讃岐富士がたたずみ、稲穂の海が延々と広がるという典型的な里山風景の真ん中に、田村神社は鎮座していた。つまり「田んぼの中に浮かぶ神社」の典型であった。

これは完全に「弥生の神」であろう。稲作（水田）がおこなわれるようになってからの信仰であるから、こういう形態になる。一宮では、当社のみの姿であって、他のすべての一宮は縄文由来である。これまで見てきたように、一宮は縄文時代からの自然信仰が基本にあるが、弥生時代すなわち稲作時代へと転換して以降に大半の神社は創建されている。

ちなみに当社は、定水《さだみず》大明神と通称されている。奥殿（本殿）は湧水口の深淵の真上に建てられており、その本質は水神信仰である。祭神は天五田根命《あめのいたねのみこと》、別名は天村雲命《あめのむらくものみこと》。天五田根命《あめのいたねのみこと》とは、たくさんの田圃の大本という意味の神名であり、天村雲命《あめのむらくものみこと》とは田を潤す雷雲を意味する神名である。

なお、社号の「田村」は、坂上田村麻呂に由来するという説もあるが、無関係である。

伊予国一宮は、大山祇《おおやまづみ》神社である。愛媛県今治市大三島に鎮座する大社である。すなわち、瀬戸内海の中心部に位置する大三島そのものを神霊として信仰する。

村上氏にはいくつかの系統があるが、なかでも伊予村上氏は「村上水軍（海賊衆）」の名でとくに知られている。能島《のしま》・来島《くるしま》・因島《いんのしま》の三家を総称して「三島《さんとう》村上氏」とも呼ばれる伊予村上氏は、信濃村上氏の庶流ともされ、保元の乱や平治の乱で活躍した村上為国の弟・定国を祖としている。源頼義が伊予守であった当時、甥の村上仲宗（信濃村上氏の祖）に命じて、神社・仏閣を伊予各地に建立させたと伝えられている。

しかし、村上定国のあと南北朝時代の村上義弘までは確かな記録がなく、そのため出自に関しては村上源氏や越智氏など諸説あるが、古くからの瀬戸内海の豪族であり、水軍を率いて独自の制海権をもっていたところから、政権が代わっても重用されてきた。

そもそも村上水軍の発生は、海上警護にあった。能島村上氏が、東寺領の弓削庄《ゆげのしょう》付近でその任に当たっていたことが最も古い記録である。

すでに南北朝時代には、弓削島、因島を中心とする周辺一帯の海域において「制海権」を握っていた。海上に独自の「関所」を設けて、「通行料」を徴収、また水先案内や海上警護などを独占的に請け負っていた。戦国期になると、因島村上氏は毛利氏に臣従し、来島村上氏は河野氏に臣従するが、能島村上氏のみは、河野氏と友好関係を持ちながらも臣従はせず、独立性を保っている。

その軍事力としての評価は高く、厳島合戦（一五五五年）、豊前簑島合戦（一五六一年）、第一次木津川口の戦い（一五七六年）などでの活躍奮戦はよく知られている。しかし永禄一（一五八八）年、豊臣秀吉が海賊禁止令を発令。これによってそれまでのような海上活動はできなくなり、実質的に村上水軍は解体となる。因島村上氏はそのまま毛利家の家臣に。また、能島村上氏は、毛利家から周防大島を与えられて臣従。そしてともに、その後は長州藩の船手組となる。来島村上氏のみは、徳川によって豊後国玖珠郡に移封されて、海とは縁が切れることとなる。

その村上氏の氏神である大山祇《おおやまづみ》神社は、全国の大山祇神社、三島神社（「大三島」に由来する。伊豆国一宮・三島大社）などの総本宮である。祭神・大山積神は天照大神の兄神で、山の神々の親神であり、木花開耶姫命の父神である。分社は全国に一万余社におよぶ。

土佐国一宮は、土佐《とさ》神社である。高知県高知市一宮《いっく》に鎮座する大社である。

しかし実は、「土佐神社」という社名表記は明治時代に入ってから定められたもので、それ以前は千年以上にわたって別の表記であった。
『延喜式神名帳《えんぎしきじんみょうちょう》』には「都佐坐神社（土佐国土左郡）」とある。『日本書紀』には「土左大神」、『土佐国風土記逸文』には「土左高賀茂大社」、『日本三代実録』には「都佐坐神」、その他「高賀茂神」「高賀茂大明神」などと称されている。

これらの史実からわかることは、国造であった都佐《とさ》氏が古来祭祀を司ってきた地主神であったが、雄略天皇の時に、賀茂氏によって、大和葛城（奈良県御所市地域）の神に乗っ取られたということであろう。

地主神とは、「都佐神」のことであって、都佐氏の氏神である。

また、葛城の神とは、「迦毛大神《かものおおかみ》」のことであって、賀茂氏の氏神である。現在の祭神である味《あじ》耜高彦根神《すきたかひこねのかみ》の別名である。

なお一言主神《ひとことぬしのかみ》も祭神であるとの説があるが、同神も賀茂氏の奉斎する神であるところから後に配祀されたものであるだろう。「土左大神」という神名は、賀茂氏による祭祀権の簒奪を覆い隠すために考え出されたものだろう。それまで地名も氏族名も都佐であって、他にトサは存在しない。

同地域で発見されている「失われた古墳」のうち一基は、元々の神、もう一基はその祀職であった都佐氏の陵墓であろう。そして、信仰対象となっている磐座（礫石《つぶていし》、みそぎ岩）は、その古墳で使われていた礎石の一つであろう。これらをイワクラとして信仰するのが最も古い祭祀の形であったのかもしれない。

なお、当社より北西七キロメートルほどの奥地に土佐山という単独峰があって、南側山麓・宮ノ前に鎮座する海津見神社《わたつみじんじゃ》の神体山（神奈備）とされているようであるが、歴史的な記録はなく、調査もされていないため、関連は不詳である。

なお四国には、金刀比羅宮《ことひらぐう》（象頭山《ぞうずさん》・琴平山）と、石鎚《いしづち》神社（石鎚山）という古来の信仰地があるのだが、いずれも大和朝廷の祭祀管理から長く独立しており、明治時代の神仏分離まで独自の信仰で栄えていたものである。

四国の信仰を語る時には、とかく空海による四国遍路の八八カ所巡礼に着目しがちであるが、醍醐寺文書（鎌倉時代）に「四国邊路、三十三所諸国巡礼」と記されているのが歴史的な初出である。

空海の開山伝承は九世紀のことであるから、四国霊場のいくつかはその頃に始まっているかもしれないが、それ以前は縄文由来の原始信仰のはずである。そして、四国の宗教的原点ともいうべき信仰対象こそは、金刀比羅宮（象頭山《ぞうずさん》・琴平山）と、石鎚神社（石鎚山）であろうと、私は推測している。両社については神仏習合以後の資料・遺物しか現存しないため証明することはきわめて困難であるが、いずれ解明されるものと期待している。

八章　西海道の神々

西海道は「神々降臨の地」ともされるところから、記紀神話との連結が長年にわたっておこなわれてきたため、原始信仰の形がわかりにくくなっている。とりわけ「八幡神」との関わりは深く、この日本有数の巨大な信仰については、宇佐神宮と鹿児島神宮の縁起に深く関わっている。

宇《う》佐《さ》神宮

豊前《ぶぜん》国一宮・宇《う》佐《さ》神宮は本殿が三つ横並びに建っていて、それぞれに神が祀られている。

一之御殿　八幡大神《はちまんおおかみ》（誉田別尊《ほんだわけのみこと》、応神天皇）
二之御殿　比売大神《ひめおおかみ》
三之御殿　神功皇后《じんぐうこうごう》

宇佐神宮は別名、宇佐八幡宮とも称して、全国の八幡神社の総本社である。石清水八幡宮（京都）や鶴岡八幡宮（鎌倉）をはじめとする全国の「八幡神社」の大元である。お祭りと言えば八幡様、というくらい日本人には親しみのあるポピュラーな神社であり、その数は実に四万余社、稲荷神社の三万余社を上回って最多である。

ちなみに日本の市町村は一七二四（令和元年現在／市七七二、町七四三、村一八九、特別区二三）であるから、少なく見積っても一つの市町村に二五社の八幡神社があるということになる。郵便局が全国に約二四〇〇〇軒であるから、その倍近い。これだけでも八幡神社がいかに多いかわかっていただけると思う。

しばしば神社と比較される寺院の場合、周知のようにそもそもの日本への移植自体が政治的理由に基づいている。しかも国分寺や国分尼寺等という拠点を全国各地にすばやく建設し（神社を潰してその上に建てたものも数多い）、地方統治の出先機関としての役割は明治維新まで一〇〇〇年以上にわたって続くことになる。江戸幕府が導入した檀家制度や寺請制度もそれに加担した。

これに対して神社の多くは、長い時間をかけて自然に増えていった。ということは、かつて八幡信仰は日本で最も盛んな信仰であったと証明していることになるだろう。地域や時代によって信仰の内容には変遷もあるが、平安京の裏鬼門の守護として男山へ勧請されて以後は、国家鎮護の神、源氏の氏神、武家の守護神など強力勇壮な武神信仰として一貫している。

宇佐神宮の建っている丘は、もともと自然の丘であったものを墳墓として整備したとも考えられるが、地形図等を検討するとこれは前方後円墳であると思われる。登り切った山の頂上にあたるところに拝殿そして本殿がある。鮮やかな朱色の本殿に、摂社末社も合わせた壮大華麗な社殿群は、大分県宇佐市という辺境にあるのが不思議なほどである。これだけの大規模なものを建設し、なおかつ千数百年に亘って維持運営してきたことは驚嘆すべきだろう。これが奈良や京都の真ん中ならいざ知らず、九州の、しかも政治的にも経済的にも国家の中心になったことのない（はずの）地域である。宇佐の祭祀力はそれほどに特別であったのだと誰もが得心せざるをえないだろう。

道鏡が皇位をうかがった際にそれを退ける神勅を宇佐神宮が発したというのはあまりにも有名な歴史的事件だが、これほど象徴的な事件もない。弓削道鏡《ゆげの》による皇位簒奪《さんだつ》未遂事件は神護景雲二（七六九）年のことである。すでに奈良時代も末であって、神仏ともに都を取り巻く宗教環境は出来上がっている。それがなぜ伊勢の神宮でなく、東大寺でもなく、他のどこでもなく、宇佐神宮であったのか。この謎を解くことは、日本固有の宗教であり思想である神社信仰すなわち神道の本質に迫る有力な手掛かりの一つであると私は考えている。

宇佐神宮は謎の多い神社である。その本殿の奉斎形式も、右に述べたように「特異な配置」であるが、そもそも「八幡宮」たることのもとであるハチマン神／ヤハタ神も、いかなる由縁の神か詳らかではない。応神天皇であり武勇の神であるとは後から付与されたものである。さてそれでは、本来は何者か。

「古来諸説が多く、海神、鍛治神、ヤハタ（地名）神、幡を立ててまつる神、秦氏の氏神、焼畑神、ハルマン halmang（朝鮮語の〈婆さん〉の俗語）の神（姥神）などといわれてきた」（『八幡信仰』中野幡能）

いずれにしても八幡神の本来の姿にはいまだ定説がない。それでもこの神が、以後の日本の歴史

宇佐神宮本殿

宇佐神宮奥宮

で重要な要素となっているのは紛れもない事実である。なにしろ全国の神社（神社本庁登録）の過半数を占める大きな信仰となっており、これほどにわが国に広く深く浸透した信仰は他に例を見ない。この歴史的社会的事実を解明しなければ、日本の歴史や文化を真に解明したことにはならないだろう。またさらに、中央政権たる大和朝廷あるいは皇室のルーツ、血脈そのものであるともされる。

宇佐神宮には、元宮と奥宮がある。「ヤハタ神の元宮」と、「ヒメ神の奥宮」である。変則であるが、つまりヤハタ神には元宮はあっても奥宮はなく、ヒメ神には奥宮はあっても元宮がないのである。

ヤハタ神に奥宮がないということは、元々ここの神ではなく他所からやってきた客神ということである。奥宮というのはそこに初めて神が降ったことの証しであって、いわば「本籍地」である。つまりヤハタ神は宇佐神宮に「住民票」は移したが「本籍地」は別にあるというような意味になる。逆に、ヒメ神に元宮がないということは、ここが生誕の地であって、どこからも移ってきた訳ではないという証しである。

ヤハタ神の元宮にはいくつかの説がある。なかでも中津の薦《こも》神社（薦八幡、大貞《おおさだ》八幡ともいう）が最も有力であると私は考えている。宇佐に移る前の、さらに大元で、ここの「三角池」と「拝み石」がヤハタ神発生の謎を解く鍵になるだろう。

奥宮は、神宮から南へ約五キロメートルの地にある御許山《おもとさん》（大元山、宇佐嶋、馬城峯ともいう）

である。大元《おおもと》神社と称しており、地元では「大元、元宮、元社」と言い習わされているが、民間信仰の通称であるから奥宮も元宮もさほど厳密な区別はなく、「元々の」くらいの意味に受け取っておいて誤りはない。神道の概念では、ここは紛れもなく「奥宮」である。そして、神宮の奥宮といっても、もちろんヒメ神の奥宮であって、ヤハタ神には直接の関係はなく、まして応神天皇や神功皇后とは無関係である。

本殿からかなり離れているということもあるが、なおかつ車が入れるところから片道四十分ほども山道を歩かなければならないので、ここまでやってくる参詣者はきわめて少ない。いずこも奥宮というのはそういうものであるが、そのおかげで古来の風情がそのままに残されている。

御許山は、小椋山《おぐらやま》の本殿やその周囲施設の華麗さに較べて、神さびたたずまいの霊地である。質素な拝殿があり、その奥に苔むした石の鳥居が建っている。中央に「奥宮」とだけ刻まれた石額が掲げられ、これより先は何人も立ち入ることを許されない禁足の地である。御許山は、山そのものが御神体であって、社伝ではここにヒメ神が降ったとされている。

なお、境内全体の構造は、祀られている神の性格を表しているのだが、宇佐神宮は本殿を取り囲む形で、いくつもの社祠が二重三重に建てられている。そこに祀られている神々も多様である。つまり、十重二十重に鎮祭されているのが宇佐神宮なのである。そのように祀り上げなければならぬほど神威は強力で、それほどにおそれられた神であるということであろう。

一方、奥宮の大元神社・御許山には、取り囲むような社祠はほとんどない。これは、鎮魂も慰霊も為す必要のないことを示しているだろう。

御許山・奥宮への参道は、大尾神社の裏から続いている。
大尾神社は和気清麻呂が神託を得た場所である

御許山の山頂には「三巨石の石躰権現」が屹立しているという。これは言うまでもなく「磐座《いわくら》」であり、かつてその周囲には取り囲む列石もあったとのことで、これは「磐境《いわさか》」であるだろう。海外に類例を求めるなら、磐座とはメンヒルであり、磐境はストーン・サークルである。これは決して辺境の一地域にのみ見られるといった特殊なものではなく、普遍的かつグローバルな現象である。

「石躰権現」の「権現」という名称は後世の神仏習合の名残りであるが、御許山の信仰はそれより遥かに古く、縄文時代まで遡ることができる。三巨石は縄文人による人工のものであるとされているが、山そのものへの信仰はそれ以前にすでにあったと考えられる。ただし、いつ頃から始まったものか、またどのような信仰内容であったかは想像の域を出ない。ただ、渡来系の完成されたいかなる宗教も及ばないほどの古さを持っていることだけは間違いない。その発生が、弥生時代とオーバーラップする縄文最晩期と仮定しても、紀元前五世紀のことである。

ちなみに宇佐神宮は最も仏教化した神道と言われた時期もあって、永年月にわたってまとい続けてきたその厚い衣を一枚づつ剝ぎ取っていかなければ本来の姿が見えてこない。その奥底に御許山はあるのだ。

御許山こそは、ヒメ神が生前、祭祀場としていた場所であろう。神事を行なう際は、必ずこの山にこもって行なったに違いない。ここはヤマタイ国時代すでに聖地・霊地であったが、以後も日本の歴史を左右するほどの霊力をもたらした。

いうまでもないことだが、霊山・聖山の発見は、ひとり日本だけに特有のものではない。大陸では泰山、朝鮮半島には白頭山など、同様の例を見出すことができる。とくに泰山は、秦の始皇帝を始め多くの皇帝が真の皇帝たる証しとして「封禅《ほうぜん》」の儀式を行なったことで知られている。封禅は泰山でしか行なうことができないものであった。神話では漢民族の始祖とされる黄帝が最初に行なったとされるが、実際の記録としては始皇帝が第一号である。それ以来、歴代の覇者たちは始皇帝にならって泰山封禅を行なうことを目指した。しかし実現したのは前漢の武帝、後漢の光武帝、唐の玄宗など、少数の限られた帝王のみである。つまり、聖なる山・泰山は、皇帝の本質的な存在証明になったのである。

そしてその方法は泰山での秘儀にあった。記録によれば、漢の武帝は山麓で礼を尽くしてから供の者を一人だけ連れて泰山山頂へ登り封禅を行なったという。しかしそこでいかなることが行なわれたかはまったくわからない。山頂での儀式そのものについての関連文書はすべて処分され、痕跡は完全に消されている。

封禅はわが国の大嘗祭に似ている。天皇が新たに即位する際の儀式であることは一般にも知られているが、儀式そのものの内容は秘されており誰も知ることはできない。封禅は大嘗祭に先行すること一〇〇〇年以上であるから、なんらかのつながり、影響があるのかも知れない。

さてそれでは本殿の建つ小椋山は何か。御許山の奥宮に対する参詣所機能を持っていることは言うまでもない。しかし、先に述べたような「宗教的出張所」なのかというと、決してそうではないと思われる。ここにはきわめて重要な意味がある。

「魏志倭人伝《ぎしわじんでん》」の一節に注目したい。

「……大いに冢を作る径百余歩」

卑弥呼の墓についての描写である。ヤマタイ国論争がその比定地探しであったことはご存知のとおりだが、その重要なポイントに「ヒミコの墓探し」がある。「魏志倭人伝」にはその存在が明確に記されているだけでなく、規模が大きく「直径が百余歩」あるとまで記されている。王墓であるということと、「直径が百余歩」あるということを考え合わせると、徹底的に打ちこわされてでもいない限り、かなりの遠方からでも判別できるほどの目立つ存在（遺跡）でなければ理屈に合わないことになる。

つまり私たちはすでにヒミコの墓を目にしているのだが、ただそれがヒミコの墓であると知らないだけなのである。そうでなくては当時最大の王たる者の陵墓が不明であることの説明がつかない。しかも「直径が百余歩」である。
「一歩は六尺で、魏の一尺は日本の約七寸九分にあたり、一歩は約一・五メートルになる」（『東アジア民族史①』東洋文庫）
ということは、直径一五〇メートル以上の規模ということになる。しかも、ヒミコの死亡時期の三世紀末に造営されたとすれば、最古級の可能性が高い。様式が前方後円墳であるならば、もはやあらためて検討するまでもなく全国に約三千基ある前方後円墳墳の第一号もしくはそれに準ずるものであるだろう。
しかもその墓には、魏国からの下賜品である「銅鏡」と「親魏倭王の金印」が副葬されている可能性が高い。もし発見・発掘されたならばこれまでの論争に終止符を打つ大発見であることは言うまでもない。

宇佐神宮本殿の鎮座する小椋山が古墳であることは関係者には事実として知られている。私が勝手に思い込みで主張しているわけではなく、小椋山山頂の本殿下には石棺が埋設されている。

「前宮司故宮成公勲氏談によると二之御殿下に石棺がある。稚屋命《わかやのみこと》（宇佐系図にある）の古墳であると伝えているという。伝説にこの石が現われる時は国が興り、衰える時は土中に入るという」

（『八幡信仰史の研究　上巻』中野幡能）

『八幡宇佐宮御託宣集』にも「御秤石」として記述があり、「北大門内衛士屋前」にあるという。

むろん誰もその石棺を開けた者はなく、学術調査の類も当然一切行なわれていない。しかし、石棺が「二之御殿下」にあるのであれば、石棺に眠るのは二之御殿の主でなければならない。二之御殿の祭神は、いうまでもなく「比売大神」である。ここに眠るのはヒメ神すなわちヒメミコ／姫巫女であろう。ヒメミコは御許山で神事を行ない、死後は小椋山に葬られ祀られた。そう考えてもじゅうぶんな可能性がある。

ヒミコは「石棺」で葬られた。「親魏倭王」に相応しく。これが宇佐神宮二之御殿下の石棺であろう。ところが当時の墓は一般的に甕棺《かめがん》である。これは吉野ヶ里遺跡でも大量に発掘され、他の遺跡にも共通の特徴であるから、周知のことである。

しかし同時期の九州地域の大規模古墳に共通するのは、当時の支配階級は石棺に葬られているということである。これも周知である。甕棺は南方系の習俗であり、石棺は北方系の習俗であることは、考古学的には常識といって良い。ということは支配階級と一般とでは、埋葬のスタイルがまるで別の血統を示していることになる。

また、この当時の九州の古墳からは鏡・玉・剣の三点セットが当り前のように出土する。ヒミコの石棺からも、三点セットの出てくる可能性はきわめて高い。しかし、近畿地方の古墳からこれらが出土するようになるのは、はるかにこの後三百年を経過しなければならない。弥生時代には九州では当り前であった慣習が近畿地方には皆無であって、古墳時代つまり前方後円墳になって突然すべての近畿地方の大規模古墳から副葬品として三点セットが出土することになる。これは「三点セット文化」が九州北半部に定着していて、後に近畿地方へ伝播したことを物語るものではないか。そしてもちろん、「三点セット」とは、「三種の神器」と同じ特異な組み合わせである。

(※宇佐神宮および邪馬台国についての詳論は拙著『アマテラスの二つの墓』参照)

鹿児島神宮《かごしまじんぐう》

鹿児島神宮に次のような伝承がある。

「中国の陳大王の長女・大比留女《おおひるめ》は、七歳の時、眠っている間に朝日が胸の間に差し込んで懐妊した。九ヶ月後に王子を出産したが、大王はこれを罪と思い、数年後、空船に乗せて印と鎰《かぎ》とを持たせて海に流した。大王は、流れ着いたところを所領とせよ、と命じた。流れ着いたのは日本の大隅国であった。王子(太子)の名を八幡といったので、船が流れ着いた磯を八幡崎と名付けた。」

わずかな記述であるが、この縁起には多くの問題が含まれている。鹿児島神宮は、通称「大隅正八幡宮」という。

鹿児島神宮（大隅国一宮）　鹿児島県霧島市隼人町内

【祭神】　天津日高彦穂穂出見尊《あまつひこひこほほでみのみこと》　豊玉比賣命《とよたまひめのみこと》　帶中比子尊《たらしなかつひこのみこと》　息長帶比賣命《おきながたらしひめのみこと》　品陀和氣尊《ほむだわけのみこと》　中比賣命《なかつひめのみこと》　姫大神《ひめおおかみ》　太伯《たいはく》

八幡宮・八幡神社は稲荷神社と並んで全国に最も数多く鎮座する神社であることはよく知られている。いわゆる「はちまんさま」で、唱歌にも歌われている「村の鎮守」とは八幡神社のことだ。その八幡神社の総本社は、大分県の宇佐神宮であるというのも広く知られていることだが、実はその発祥自体に異を唱えるものなのだ。縁起にはこの後に、

「大比留女は、筑紫国若椙山《わかすぎやま》へ飛んで、香椎《かしい》聖母大菩薩として顕現し、皇子は大隅国に留まって八幡宮として祀られた」と記される。

つまり、八幡宮の大元は大隅正八幡宮（鹿児島神宮）であって、そこから宇佐に勧請されたのだというのだ。また、母の大比留女は、香椎宮（福岡市）の神になったという。しかもその父は、震旦国の陳大王であるという。

しかし八幡神顕現の伝承は宇佐ではまったく異なるものを伝えている。そのため、古くから本家争いともいうべきものが繰り返されて、悲惨な事件も起きている。この伝承は『八幡御因位縁起《はちまんごいんいえんぎ》』を始めとして、『八幡大菩薩御因位本縁起』などいくつかの資料にも見られる。また、今昔物語にも「大隅に八幡神が顕れ、その後、宇佐に現れた」と記される。

この伝承について、八幡信仰研究の第一人者である中野幡能氏はこう述べている。

「陳王伝説は、本地垂迹説を発展させて、八幡神を陳大王の孫にして、神功皇后を大王の女大比留女とし、八幡神は漢土から大隅へ渡来した神だとして、宇佐、石清水の八幡信仰の隆盛に刺激されて、大隅宮を正当なる八幡信仰発生の本源地であることを打ち出し、「正宮」であることを自ら名乗り出たのである」(『八幡信仰史の研究』)

すなわち八幡信仰の発祥地を、宇佐ではなく大隅宮(鹿児島神宮)であるとするために「陳王伝説」は創作されたものだとしている。その理論的拠り所に本地垂迹説を利用しているという指摘である。

この「縁起」には、本地垂迹説の他にも処女懐胎、あるいは感精伝説、うつぼ船神話などの世界共通の神話類型が凝縮されている。これが創作でなく自然発生的に成立したとするならば〝奇跡〟と言えるほどの出来映えだ。しかし中野氏は、続けてこうも記している。

「そもそも鹿児島神社は、その周辺に隼人塚《はやとづか》を遺しているようにこの神社はもともと、隼人族の氏神の神として隼人族に祀られた社であったろうと考えるが、宇佐宮に伝わる隼人征伐の伝説があるように初期八幡信仰集団との接触が行われた歴史を有する神社であるが、陳王伝説が物語っているように、中国の江南地方との交通はかなり古くから行われたものの如く、『神社啓蒙』には呉太伯を祭ったという伝えを記している」(前掲書)

中野氏は、呉・太伯とのつながりは肯定しつつも、だからといってその娘(あるいは子孫)が渡来したとまでは信じられない、と言っている。「中国の江南地方との交通はかなり古くから行われた」としているにもかかわらず、渡来伝説は「創作」だというのだ。

中野氏に代表されるこの見解はいつのまにか定説と化していて、この「縁起」自体が陽の目を見ないようになってしまった。現在の公式由緒である『鹿児島神宮史』（平成元年発行）でも、わずかに『八幡愚童訓《はちまんぐどうくん》』の意訳引用として紹介されているにすぎない（ただし『八幡愚童訓』にその記述はない）。しかも祭神から太伯は除外されている。

しかし私は、隼人こそは海人族であって、ヒルメに従って渡来した江南人であったのではないかと考えている。江南の呉国が元々の故郷であって、そこから渡来・移住したのではないか。多くの痕跡がその事実を示唆しているのだ。たとえば海幸彦山幸彦神話も、明らかに海人族の伝承であろう。

すなわち、太伯が始祖王であった呉国から移住した一族が隼人族と称するようになったと考えるのは、ごく自然な帰結である。そして移住には、王族の血をひくリーダーが推戴されていたであろうことは当然のことだ。

呉の民、すなわち海人族は太伯を王として迎えた。太伯が周王家の出自であるので、呉の国姓は周王家と同じ「姫《き》」氏である。したがって、呉王家の血をひく者が大隅へ渡来する海人族に推戴されていたとすれば、むろんその姓も「姫」であるはずだ。そして、その子孫も同姓であるということになる。

鹿児島神宮の陳王伝説をそのまま解釈すると、大比留女は陳大王の娘であり、しかも太伯の血を引いているということになる。

ただ、この伝承を伝える大隅八幡、すなわち鹿児島神宮はかつて呉太伯を祭神として祀っていたことがあるようだ（現在公式に掲げている祭神には入っていない）。ただ、その由来がこの伝承によるものなのか、それとも創建の頃からすでに祀っていたのか詳らかにしない。祭神から外された理由や時期もわからなくなっている。陳大王を呉太伯であるとする説と、関わりがないこともないだろう。

鹿児島神宮は隼人《はやと》族の氏神と伝えられている。祭神は火遠理命《ほおりのみこと》（山佐知毘古《やまさちひこ》・天津日高日子穂穂手見命《あまつひこひこほほでみのみこと》）である。隼人の祖は火照命《ほでりのみこと》（海佐知毘古《うみさちひこ》）であるから、服従の証しであるという説もある。

隼人は熊襲《くまそ》とともに南九州土着の種族といわれる。古代より中央政府に従わず、その性は勇猛で、しばしば征討されたという。熊襲は滅ぼされ、隼人は朝廷に従ったとされるが、おそらく同一種族であって、平定された熊襲に与えられた名が隼人であったのではないかと私は考えている。

その征討に際しては通訳を要したと伝えられ、風俗や容貌も他地域と多少異なっていたらしく、そんなところから異民族説や大和朝廷の渡来説なども出ているのであろう。

しかし隼人と朝廷との関わりは深く、単なる異種少数民族の歴史ではない。木花之佐久夜毘売《このはなのさくやびめ》も隼人族であるといわれ、それ以後も朝廷とはしばしば通婚による縁戚関係を結んでいる。けだし、隼人は国つ神であろう。

鹿児島神宮

開聞岳

ちなみに、薩摩藩主家の島津氏は隼人の裔と伝えられて、代々皇族とのつながりには格別のものがある。朝廷をないがしろにした徳川幕府に対して面従腹背を貫いたことや、維新の王政復古に際して多くの功臣を出したことなどもこれと関係があるだろう。

また、江戸時代に寺請制度によって全国的に仏式葬となる中で、なお多く神葬祭であったことは特記に値する。

筥崎《はこざき》宮・高良《こうら》大社

筑前国一宮・筥崎宮《はこざきぐう》（福岡市東区）は別名、筥崎八幡宮といって、日本三大八幡宮の一つである。元寇の時に、「八幡大菩薩」の旗を掲げて戦ったことから、武人の象徴的存在となった。神社にはきわめて珍しいことに、北西を向いて建っている。つまり、海上から攻撃されることを前提に、真正面で受けているということである。

筑前国一宮は住吉神社（福岡市博多区）も論社（候補）であって、こちらは海人族によって営まれる神である。

両社ともに〝海〟との関わりから鎮座しており、鎮座地もきわめて近く、古代におけるこの地のまつりごとは共存共栄であったのではないかと思われる。これは筑前という土地が、常に海からの敵の襲撃に備える最前線であったことの証しであるだろう。

筑後国一宮・高良《こうら》大社（高良玉垂宮《こうらたまたれのみや》）は、内陸部の久留米市に鎮座するが、不思議なことに「海の神」も祀られている。

【祭神】正殿　高良玉垂命《こうらたまたれのみこと》
左殿　八幡大神
右殿　住吉大神

巨大な社殿は中央に独自の神である高良玉垂命《こうらたまたれのみこと》が祀られ、左に筥崎の神、右に住吉の神を祀る。高良玉垂命の正体は不明であるが、この配置から筥崎と住吉を従えている主祭神であることは明らかであろう。

社伝によれば、神体山の高良山は、もともとは高牟礼神《たかむれのかみ》（高木神）が鎮座して、高牟礼山と呼ばれていた。そこに新たにやってきた高良玉垂命が一夜のみの約束で山を借用した。ところが玉垂命は山に結界を張って、鎮座した。やむなく高牟礼神は麓の高樹神社に遷った。これが創建伝承である。さながら、丹生都比売《にうつひめ》神の神奈備《かんなび》であった高野山を、空海が譲り受けた伝説のようだ。

ちなみに仏教は、六世紀に伝来して以来、古神道の聖地霊地を奪い取って、その上に仏堂伽藍を建立するという宗教的狼藉を全国で数限りなくおこなっている。高良玉垂命は仏教ではないが、その正体を明らかにするための手掛かりがあまりにも少なく、まるで突然出現したかのようだ（武《たけし》内宿禰《うちのすくね》説や物部保連《もののべのやすつら》説などもあるが、信憑性に乏しい）。

筑後久留米にとっては外来（あるいは渡来）の玉垂命によって、地主神であった高牟礼神が追い出され（征服され）、以後統治されたということであろう。また玉垂命は筑前博多の筥崎神と住吉神をも従えて筑前筑後に強力な政権を築き、この一帯に君臨したということか。邪馬台国をこの地とする説が根強いのも、この辺りに根拠があるようだ。豊前の宇佐とも、久留米地方は古来一体であったのかもしれない。

西寒多《ささむた》神社・阿蘇神社

豊後国一宮の西寒多《ささむた》神社（大分市）は、主祭神として西寒多大神《ささむたのおおかみ》を祀るが、この神名は記紀にはなく、この社祠のみの神名である。

「創祀は遠く応神天皇九年西暦二七八年四月に武内宿禰勅命を奉じて西寒多山上に宮殿を建立す」と伝えられ、神体山（本宮山・西寒多山）の本宮神社を奥宮としている。里宮から奥宮までは徒歩で約二時間を要する。

神社由緒では、天照皇大御神《あまてらすおおみかみ》、月読尊《つきよみのみこと》、天忍穂耳命《あめのおしほみみのみこと》の総称としているが、根拠はない。漢字そのものは当て字であろうから、「ささむた」という言葉が唯一の手掛かりである。冒頭の「さ」は、重複しているところから強調であろうし、末尾の「た」はこの地域の地理的条件から考えて「汰」「多」「田」などに置き換えるのが自然だろう。

そうなると、謎は「さむ」にあるわけだが、これには本書の東海道編でふれた寒川神社の事例が参考になるだろう。寒川は寒河江と同様の音訓転訛で、「さがわ」と読むのが本来であって、国名の「さがみ」は「さがわの神」に由来するとその際述べた。

これと同様に、「寒多」は「さた」あるいは「さだ」が原音であると考えられる。これによって元々の意味を推し量るならば、最も古い配祀神とされる月読尊の立場を意味する「佐多」とも考えられる。すなわち「多く補佐する」神である。

肥後国一宮の阿蘇神社（健磐龍命《たけいわたつのみこと》神社）は、阿蘇十二神と称される十二柱の神々が祀られているが、本来の祭神は、阿蘇都彦命《あそつひこのみこと》と阿蘇都比咩命《あそつひめのみこと》の二神であろう。

阿蘇都彦命は、別命・健磐龍命とされ、『日本書紀』にも『風土記』にも登場する古き神である。「あそ」の語源は不明であるが、火山を意味する「あさま」は、「あそ・やま」から来ているというのが私の考えであり、すなわち火山の語源となった呼び名であろう。

しかし、「あそ」自体の語源は、やはり不明である。ASO（阿蘇）、USA（宇佐）、ISE（伊勢）と並べてみると、なにやら暗号のようで、もしかすると特別な意味が込められているのかもしれない。いずれ解き明かしたいと思っている。

なお、枚聞《ひらきき》神社は開聞岳を神体山とする薩摩国一宮であるが、この規模の神社を一宮とするのは理不尽な話で、いくら由緒や縁起を創作しても、境内や信仰の規模は創作できない。もしこういった社祠を認定するならば、他に同レベルもしくはそれ以上のレベルの神社がたくさんあって、すべて認定しなければならないことになる。そしてそうなると、一宮という称号・社格そのものの無効化を惹起することになる。

そもそも一宮制が、他の制度とくに官国幣社制に比べて著しく信頼度が低いのは、ひとえに認定の曖昧さにある。本書は、それをより厳格に検証したものである。西海道から、壱岐《いき》国、対馬《つしま》国を除外したのも、一島を一国と認定した基準がそもそも不可解だからである。壱岐も対馬も古来、大和朝廷のもとに神々の降臨せらる聖地霊地として厳然と存在してきたことに疑う余地はないが、海を隔ててはいるものの、筑前国か肥前国に包括されてしかるべきだろう。九州本土から六〇キロメートル離れているにもかかわらず、玄界灘の孤島・沖ノ島が宗像《むなかた》大社の神体島であるように。

あとがきにかえて

中央構造線に居並ぶ一宮

日本列島は、火山帯と大陸プレートの影響で定期的に大地震に見舞われるという宿命を背負っている。近い将来、東京ないしは関東中南部に、直下型の大規模地震が起きるであろうことは現代科学でも度々警告されている。ただ、それがいつなのか誰にも予測ができない――ということになっている。一説によれば三〇年以内にその危機はあると警告されている。とくに東京の「京浜東北線より東側の地域」にお住まいの方々は、どうぞ日頃から準備万端怠りなく！

ところで、古社――一〇〇〇年以上前から同一の地に鎮座し続けている神社――の鎮座する場所は、天変地異の直撃とはほとんど無縁である。そして日本民族はこのような「聖地」を見出す技術をかつて備えていた。そしてそこに神を祀った。それが「古神道」である。

延喜式内社――『延喜式神名帳《えんぎしきじんみょうちょう》』に収載されている神社――が地震で倒壊したことはほとんどない（後世に移転した社殿や、増改築した拝殿はしばしば倒壊している。倒壊した社殿は同じ場所に再建しても、いずれ同様の運命を辿る可能性があるだろう）。
つまり、『延喜式』が編纂開始された延喜五（九〇五）年以後、少なくとも一〇〇〇年余は安泰だったということである。

静岡から新潟にかけて列島を横断している巨大な断層帯をフォッサマグナという。それに交差するように東西に列島を縦断しているラインが中央構造線である。中央構造線は茨城県と千葉県の境目から、熊本県と鹿児島県の境目までつながっている。

このライン上に、東から順に以下の神社が鎮座している。

▼鹿島《かしま》神宮（常陸国一宮）茨城県鹿嶋市宮中
▼諏訪《すわ》大社（信濃国一宮）長野県諏訪郡下諏訪町
▼砥鹿《とが》神社（三河国一宮）愛知県豊川市一宮町西垣内
▼伊勢神宮
▼丹生都比売《にうつひめ》神社（紀伊国一宮）和歌山県伊都郡かつらぎ町上天野
▼伊太祁曾《いたきそ》神社（紀伊国一宮）和歌山県和歌山市伊太祈曽
▼日前宮《にちぜんぐう》（日前《ひのくま》神宮・國懸《くにかがす》神宮）（紀伊国一宮）和歌山県和歌山市秋月
▼大麻比古《おおあさひこ》神社（阿波国一宮）徳島県鳴門市大麻町板東広塚
▼阿蘇《あそ》神社（肥後国一宮）熊本県阿蘇市一の宮町宮地

▼新田《にった》神社（薩摩国一宮）鹿児島県薩摩川内市宮内町

ライン上に鎮座するこれらの古社大社は、伊勢を別として、すべて「一宮《いちのみや》」である。これを単なる〝偶然〟と片付けることはできないだろう。なにしろいずれも創建から二〇〇〇年前後は経過している古社なのだから。中央構造線というものを私たちが認識したのはつい最近であるが、一宮ははるか昔からここに鎮座している。私は「荒ぶる神を鎮めるために建っている」のだと理解している。

もしもこれらの古社が倒壊するような大災害があるとすれば、それは少なくとも二〇〇〇年ぶりのものになるはずである。

日本列島は、フォッサマグナという巨大断層で東西に真っ二つに分かれている。これは、ドイツ人地質学者ナウマンによって明治期に発見され命名された大断層で、ラテン語でfossaは「裂け目」、magnaは「大きい」の意味である。近年では幅の広い帯状に表示されるようになっているが、これは近年の地震学の〝迷い〟の産物である。かつての地震の影響をすべて平等に扱ったために、断層のラインを特定できず、こんな広範囲としてしまった。日本の地震学が〝自信〟を喪失した証しであろう。

地形を概観すれば、北は糸魚川から、南は富士川に続く地層の裂け目があることは簡単にわかる。そしてその真ん中に諏訪湖がある。本州中央部を南北に両断しているのが容易に判別できる。

また、実際に歩いてみれば誰にでも確認できる。その名の通り最も大きいところでは数十メートルほどの垂直に近い断層となっており、本州を「真っ二つに分けている」というのは比喩ではない。断層の東西では地質も異なり、動植物層もかなり違う。

これだけの段差は、今でこそ普通に行き来しているが、かつては動物も植物も簡単には行き来できなかったことだろう。何千年もの間それが続けばお互いに別世界となっても不思議はない。ここを境目に東西文化の断絶があったかも知れないとは、現代の私たちにも容易に想像がつく。

実際に植物層は現在でもかなり違うという調査結果もあるが、それなら人間の文化にも当然少なからぬ影響があるだろう。日本の東西の文化相が異なることは誰でも知っている事実であるが、その原因の一つに地理的かつ物理的理由があるかも知れないということで、しかも時代が古ければ古いほど影響は顕著になるだろう。日本文化の東西の違いは、案外根が深いものなのかもしれない。東西文化の比較論は日本史全般の重要な視点の一つであるが、フォッサマグナという地理的かつ物理的ファクターはその答えに大きな影響を与えるだろう。

日本列島は世界各国の中でも決して大きな国土ではない。しかしこれだけの大きな断層は、その大きくない国土の中でも差異が生じるほどのファクターなのだといくつかの事実が語っている。しかも驚くべきことに、この断層は洪積世初期にはすでに活動していたと考えられるため、東西の断絶の歴史は二〇〇万年近くに及ぶことになる。そう考えれば、日本列島の東西が自由に行き来できるようになったのは、むしろごく最近のことなのだ。

フォッサマグナと中央構造線のクロスポイントにできた断層湖が諏訪湖であり、その恐怖の証しが諏訪大社である。諏訪大社を挟んで東西に連なる一宮は、その恐怖畏怖を全国レベルで共有するものであるだろう。

縄文の呼び声

本書では五畿七道における一宮の信仰の源を確認してきたが、古代日本の信仰は、そのほとんどが神奈備《かんなび》に発していることがよくわかる。これが、神社神道の原型である。神奈備は神籬《ひもろぎ》と磐座《いわくら》の総称であるから、つまり山岳、森林、巨岩を神の依り代として信仰することに発している。そしてそのことは、ここに挙げた一宮／根源社にとどまらない。一宮に匹敵するような古社であるならば、そのほぼすべては同様の信仰形態であるだろう。

明治になって、政令によってほぼすべての神社に鏡を御神体として祀るよう強制されたが、それはいわば「記紀神道」であって、「古神道」ではないのだ。記紀神道は、いうまでもなく古事記神話・日本書紀神話に基づいて成立した神道であって、八世紀初頭の頃の成立であるだろう。しかしそれ以前にすでに神道信仰が発生し根付いていたことはまぎれもない事実である。一宮は、そのほとんどが八世紀初頭よりはるかに古い時代に誕生している。ということは、一宮に秘められた信仰は、記紀神道ではなく、それ以前のものであろうということになるだろう。

神道では神を祀る場所を「神社」と称している。つまり神の社である。ヤシロというのはもと「屋代」と表記した。神の来臨する屋の代わりという意味である。つまり神社は「屋の代わり」であって、「屋」そのものではない。

それでは本来の「神の屋」とは何かと言えば、「磐座《いわくら》・磐境《いわさか》」「神籬《ひもろぎ》」「神奈備《かんなび》」である。一般には馴染みのない言葉であろうが、歴史的には古くから使われている言葉であって、日本人の信仰を考える上で最も重要なキーワードである。

磐座とは、祭祀の時に神霊が降臨するとされる岩石、またイワサカは石の集合によって設けられた場所のことである。

神籬とは、神は常緑樹の森に降るとされるところから、その森をかたどったものをいう。最も古い形の斎場である。

たとえば家を建てる際に最初に行なう地鎮祭を思い起こしていただきたい。更地の中央に設営されるのが神籬である。またそのもっとプリミティブな形が、土盛りをして榊を立て、その周囲に四本の竹（これも常磐木の一種で、斎竹《いみだけ》という）を立て、注連縄を張り巡らすものである。簡易なものであるが、神籬の本質を単純明快に表わしている。言ってみれば「臨時の簡易神社」であり「仮設の簡易神社」である。そしてこれこそは神道祭祀の原点の姿である。設営した場所が、その時だけ仮の神社となる訳だ。

いずれにしても神籬は仮設のものであって常設ではない。したがって遺跡史跡のような形で発掘されたものは皆無である。ただ記録は数多く、神道祭祀において必要最小限の設備であったことは疑う余地はない。またここに神籬が設営されたであろうという痕跡はしばしば見受けられる。

神奈備とは、際立った存在感を持つ山岳のことで、たとえばひときわ秀麗な山容の富士山や、活火山として畏れられる浅間山や御嶽山などをいう。山頂が天に近いためもあって、神が降臨する場所、また神がみずからの依り代とする場所、あるいは神そのものとして古来信仰対象となっている。

つまり「磐座・磐境」は不動・常設の祭祀場であり、「神籬」は祭祀を行なう設備であり、「神奈備」は神の降臨地・依り代である。磐座、磐境、神籬、神奈備こそは神道初元の姿であって、しかも本質である。

これに対して、いかに精緻をきわめた工芸技術によって装飾されていようとも、建築物は一種のファッションである。むろんそれによって祭神へのより篤い信仰心を表現もし、また参詣者への神威のより良き演出ともなるのであるから、否定するつもりは毛頭ない。

ただ惜しむらくは、目の前の人知を尽くした建築物に圧倒されて、次第に神道の本質的な姿が見えにくくなっていることである。目に見えるものはなんといっても分かりやすい。社殿の立派さを、あたかも祭神の神格と同一であるかのようについ思ってしまうのはしかたのないことだが、社殿を飾り上げるという風習は仏教伽藍の移入に影響されて以来のものである。神道信仰は殿舎建築を拝むものではないのだ。

ちなみに、建築様式として古風をとどめているのは伊勢の「神宮」と「出雲大社」の様式のみで、他の神社建築はわが国に淵源を発しない。多くは仏教伽藍の亜流であり、ときには儒教や道教、またヒンドゥーやイスラムの堂宇から造形や構造を学んでいる。

ちなみに伊勢は古代の倉を模しているとされ、出雲は古代の住居を模しているとされている。いずれにしても豪壮な社殿を造営することはそれ自体になんらかの意図があると認識しておかなければならないだろう。

明治時代に書き換えられてしまった神社神道からは往時の姿をしのぶのは困難であるが、それらの中の少なからぬ社が神体山あるいは奥社・奥宮を守っており、そこにこそ原像が彷彿されると考えられる。

大嘗祭と一宮

今年は、一世一度の大嘗祭《だいじょうさい》の年であるから、それについては少なからぬ人たちが意義や成り立ちについて書いている。だから私がいまさら述べることは特にないはずなのだが、実は本書本文中で触れたように、意義の根幹がぶれている。ここにあらためて指摘しておくが、「稲の祭祀」は誤解である。

また、すでに述べてきたように、いま、一宮に着目するのは、ひとえにその成り立ちの古さにある。したがって、後付けで一宮に組み込まれた社祀はその対象にならない。一宮は神社制度として最も古いものであるが、もともと自然発生的に生まれた制度であるものの、ある程度馴染んでから、制度優先で作り上げようという方向に向かったために（官国幣社制度の前身）、欠落地域や政治的に重要な地域において、恣意的に格上げ、あるいは新たに格上げして列するものが組み込まれて、一宮制は変質した。とはいうものの、「一宮」が、観光ガイドの指針くらいにしか用いられていないのは、なんとももったいない話であろう。これを機に、新たな歴史的視座視点として再評価されることを願ってやまない。

今年の四月に、次のような報道が各紙一斉に報じられた。

「大嘗祭《だいじょうさい》で献上、麁服に使う麻の種まき　桜満開の徳島で」

天皇の代替わりに伴う皇室行事「大嘗祭」（一一月一四、一五日）に向け、麻織物「麁服《あらたえ》」に使う麻の種まきが九日、徳島県美馬市であった。

麁服は神に献上する衣服の一つで、麻を織った反物。大嘗祭では、絹織物の「絵服《にぎたえ》」と合わせて神座に置かれる。古くから麁服は阿波国（徳島県）、絵服は三河国（愛知県）から献納された物が使われてきたとされる。献納は一四世紀中ごろの南北朝時代にいったん途絶えたが、大正天皇の代に約五八〇年ぶりに復活。昭和と平成の大嘗祭でも献上したという。

麁服を手がけるのは古代の職能集団「阿波忌部《いんべ》」直系の三木家。当主の三木信夫さん（八二）にとっては二度目の献納となる。この日、三木さんは白装束に身を包んで、地元の三ツ木八幡神社の門家茂樹宮司らと神事をし、畑に種をまいていった。

今後、地元のＮＰＯ法人「あらたえ」のメンバーらが厳重に管理しながら栽培し、約一〇〇日後に収穫する予定。八月には繊維から糸を紡ぐ「初紡ぎ式」がある。その後、同県吉野川市の山崎忌部神社で麁服に織り上げられる」（朝日新聞デジタル　二〇一九年四月九日）

「あらたえ」とは麻の織物のことで麁服、荒妙、粗栲などと表記し、織り目の荒い布の意である。「にぎたえ」とは絹の織物のことで、繪服（絵妙）、和妙、和栲なども表記し、織り目の細かい布の意でもある。

古来、大嘗祭ではこの両方の織物および衣服（かんみそ）を献納する。

この二元論は、神饌（神前に供える食物）においても厳守される。すなわち、「粟」と「稲」を共に献上することである。一般向けの広報等においては、「大嘗祭《だいじょうさい》（新嘗祭《しんじょうさい》）は稲の祭祀」とされているが、本来は粟と稲であって、なおかつ粟が先である。それはちょうど右に示したように、絵服《にぎたえ》より麁服《あらたえ》が先であるのと同様である。

麻と粟が優先されるのは、それらがこの国にまず先にあったからである。つまり、麻と粟は縄文人の象徴であり、稲と絹は弥生人の象徴であるのだ。大嘗祭は、この両者の共生を示す祭祀である。ちなみに、『古事記』では四国の国生みの際、「粟の国を大宜都比売命《おおげつひめのみこと》という」と書かれている。つまり、御饌津神《みけつかみ》であって、食物の発生である。「粟」とは、古代日本において食物の象徴でもあったのだ。

大嘗宮とは、大嘗祭において天皇が神に新穀を供え、みずからも共食する斎場のことであるが、宮中にこのためだけに臨時に建設される。そしてここでおこなわれる大嘗祭とは、一宮に代表される古き信仰を取り込む祭り。それを、天皇が即位するたびに公式に確認しているもので、約束事を知らしめる祭りである。

これに先だって、大嘗宮大嘗祭で供えられる粟の種蒔きが指定地にておこなわれた。

「**大嘗祭のアワ、豊作願う　献穀者ら種まき式**」

新天皇即位に伴う儀式「大嘗祭」に献上するアワの種まき式が三日、愛媛県内子町上田渡の伍社天神社と近くの農地であり、「献穀者」に選ばれた農業泉田孝行さん（七二）＝同町中田渡＝ら関係者が豊作を願った」（愛媛新聞　二〇一九年六月七日）

なお、大嘗祭について論議される際に、しばしば問題とされるのが折口信夫の「真床襲衾《まどこおふすま》」論であろう。ことは大嘗祭の本質に関わるものであるので、前後の関連部分も含めてここに引用しておく。

「古代日本の考へ方によれば、血統上では、先帝から今上天皇が、皇位を継承した事になるが、信仰上からは、先帝も今上も皆同一で、等しく天照大神の御孫で居られる。御身体は御一代毎に変るが、魂は不変である。すめみまの命といふ詞は、決して、天照大神の末の子孫の方々といふ意味ではなく、御孫といふ事である。天照大神との御関係は、ににぎの尊も、神武天皇も、今上天皇も同一である。

京都仙洞御所内に建設された大正の大嘗宮（『御大禮御寫真帖』大正四年刊／著者蔵）

此重大な復活鎮魂が、毎年繰り返されるので、神《じん》今食《こんじき》・新嘗祭《にいなめさい》にも、褥《しとね》が設けられたりする事になる。大嘗祭と、同一な様式で設けられる。復活を完全にせられる為である。日本紀の神代の巻を見ると、此布団の事を、真床襲衾《まどこおふすま》と申して居る。彼のにゝぎの尊が天降りせられる時には、此《これ》を被つて居られた。此真床襲衾こそ、大嘗祭の褥裳（しとねも・じょくしょう）を考へるよすがともなり、皇太子《ひつぎのみこ》の物忌みの生活を考へるよすがともなる。物忌みの期間中、外の日を避ける為にかぶるものが、真床襲衾である。此を取り除いた時に、完全な天子様となるのである。」（折口信夫『大嘗祭の本義』）

折口のこのくだりについて、様々な誤解曲解が後を絶たない。

粟と稲を天皇霊とともに共食するのであるから、麻と絹とは天皇霊とともに共装するのであろう。すなわち、共に装い、共に纏う、のである。

粟から稲へ、さらにまた稲から粟へ。

麻から絹へ、さらにまた絹から麻へ。

これを夜通し繰り返すのが大嘗祭であろう。

そうすると、ある瞬間に、天皇霊が入ってくる。

天皇霊が魂に入ったら、その瞬間に古来の天皇霊と一体になるのだ。

これが天皇霊の「よみがえり」である。さしずめ真床襲衾は、天皇霊の依り代であろう。


一宮という呼称は、神道信仰の象徴である。もっと言えば、民間信仰の象徴であるだろう。そして、信仰とは、本来、民間から自然に発現するものであって、政治体制によって強制されるべきものではない。

全国で一〇〇社に満たない一宮を概観すると、確かに「大社」が多いのだが、中には驚くほど質素な「小社」や「村社」も列せられている。神社の社格は、国家との距離で決まるので、これだけの格差が生じたともいえるだろう。ただ、当該地域では何らかの事情で一宮とされていても、朝廷からは小社・村社として評価するよりない場合もあったことだろう。本書では冒頭に記したように、「古代日本の素顔を浮き彫りにするために」厳格な基準により四八社に絞ったが、これによって除外した一宮各社の信仰を否定するものではないのは当然である。そして一宮から根源社四八社へ絞り込むと、さらに見えてくるのは、古代神の素顔である。

なお、四八社という数字には、いろは四八文字の示唆があると、少なからぬ読者が気付いたかもしれない。どうやら、日本語の原点が四八文字であるのは、偶然ではなさそうである。

令和元年文月　戸矢　学

白山比咩神社（一宮・小社）	石川県白山市三宮町
氣多大社（氣多神社 / 一宮・名神大社）	石川県羽咋市寺家町
雄山神社（一宮・小社）	富山県中新川郡立山町
彌彦神社（伊夜日古社 / 一宮・名神大社）	新潟県西蒲原郡弥彦村弥彦
山陰道	
出雲大神宮（出雲社 / 一宮・名神大社）	京都府亀岡市千歳町出雲
籠神社（一宮・名神大社）	京都府宮津市字大垣
粟鹿神社（一宮・名神大社）	兵庫県豊岡市出石町宮内
安倍神社（一宮・名神大社）	鳥取県鳥取市国府町宮下
出雲大社（杵築宮 / 一宮・名神大社）	島根県出雲市大社町杵築東
山陽道	
伊和神社（一宮・名神大社）	兵庫県宍粟市一宮町須行名
中山神社（一宮・名神大社）	岡山県津山市一宮
吉備津神社（吉備津宮 / 一宮・名神大社）	岡山県岡山市北区吉備津
厳島神社（伊都岐島神社 / 一宮・名神大社）	広島県廿日市市宮島町
住吉神社（一宮・名神大社）	山口県下関市一の宮住吉
南海道	
日前宮（日前國懸宮 / 一宮・名神大社）	和歌山県和歌山市秋月
大麻比古神社（一宮・名神大社）	徳島県鳴門市大麻町板東字広塚
田村神社（一宮・名神大社）	香川県高松市一宮町
大山祇神社（一宮・名神大社）	愛媛県今治市大三島町宮浦
土佐神社（都佐神社 / 一宮・大社）	高知県高知市一宮しなね
西海道	
筥崎宮（一宮・名神大社）	福岡県福岡市東区箱崎
高良大社（高良玉垂宮 / 一宮・名神大社）	福岡県久留米市御井町
宇佐神宮（宇佐宮 / 一宮・名神大社）	大分県宇佐市南宇佐
西寒多神社（一宮・大社）	大分県大分市寒田
阿蘇神社（健磐龍神社 / 一宮・名神大社）	熊本県阿蘇市一の宮町宮地
鹿児島神宮（鹿児島神社・大隅正八幡宮/一宮・大社）	鹿児島県霧島市隼人町内

根源神社一覧	
畿内	
賀茂社 賀茂別雷神社（上賀茂神社 / 一宮・名神大社）	京都府京都市北区上賀茂本山
賀茂御祖神社（下鴨神社 / 一宮・名神大社）	京都府京都市左京区下鴨泉川町
大神神社（一宮・名神大社）	奈良県桜井市三輪
枚岡神社（一宮・名神大社）	大阪府東大阪市出雲井町
住吉大社（一宮・名神大社）	大阪府大阪市住吉区住吉
東海道	
真清田神社（真墨田神社 / 一宮・名神大社）	愛知県一宮市真清田
富士山本宮浅間大社（浅間大明神 / 一宮・名神大社）	静岡県富士宮市宮町
浅間神社（一宮・名神大社）	山梨県笛吹市一宮町一ノ宮
寒川神社（一宮・名神大社）	神奈川県高座郡寒川町宮山
氷川神社（一宮・名神大社）	埼玉県さいたま市大宮区高鼻町
安房神社（洲崎大明神 / 一宮・名神大社）	千葉県館山市大神宮
玉前神社（一宮・名神大社）	千葉県長生郡一宮町一宮
香取神宮（一宮・名神大社）	千葉県香取市香取
鹿島神宮（一宮・名神大社）	茨城県鹿嶋市宮中
東山道	
日吉大社	滋賀県大津市坂本
南宮大社（南宮神社 / 一宮・名神大社）	岐阜県不破郡垂井町宮代
諏訪大社（南方刀美神社 / 一宮・名神大社）	長野県諏訪市中洲宮山、他三カ所
一之宮貫前神社（抜鉾神社 / 一宮・名神大社）	群馬県富岡市一ノ宮
二荒山神社（一宮・名神大社）	栃木県日光市山内
志波彦神社・鹽竈神社（志波彦神社＝名神大社）	宮城県塩竈市一森山
都々古別神社（八槻都々古別神社）（一宮・名神大社）	福島県東白川郡棚倉町大字八槻字大宮
鳥海山大物忌神社（一宮・名神大社）	山形県飽海郡遊佐町大字吹浦字布倉
北陸道	
若狭彦神社（遠敷大明神 / 一宮・名神大社）	福井県小浜市龍前
氣比神宮（一宮・名神大社）	福井県敦賀市曙町

主な参考資料　※順不同

『大日本国一宮記《だいにほんこくいちのみやき》』（「群書類従」神祇部・巻第二三）室町時代

『諸国一宮巡詣記《しょこくいちのみやじゅんけいき》』（『神祇全書 第2輯』皇典講究所 所収）橘三喜　元禄一一（一六九八）年

『中世諸国一宮制の基礎的研究』中世諸国一宮制研究会編　岩田書院　平成一二（二〇〇〇）年

『私の一宮巡詣記』大林太良　青土社　平成一三（二〇〇一）年

『全国一宮祭礼記』落合偉洲・他　おうふう　平成一六（二〇〇四）年

『全国「一の宮」めぐり　69の神社で、ふるさとの神さまに出会う旅』岡田荘司監修　平凡社　平成二十六（二〇一四）年

『諸国一の宮』入江孝一郎・全国一の宮巡拝会　移動教室出版事業局　平成一七（二〇〇五）年

『諸国一宮と謎の神々』渋谷申博　新人物往来社　平成二〇（二〇〇八）年

『全国一の宮めぐり』薗田稔監修・神社紀行特別編集／学研　平成一六（二〇〇四）年

『諸国神社　一宮・二宮・三宮』渋谷申博　山川出版社　平成二七（二〇一五）年

『日本の神々　神社と聖地』全十三巻　谷川健一編　白水社　昭和六三（一九八八）年

『式内社調査報告』全二十五巻　式内社研究会編纂　皇學館大学出版部　昭和六二（一九八七）年

『折口信夫全集』中央公論社

『大日本神社誌写真大鑑』敬神思想普及会編　聚文館　昭和一〇（一九三五）年

『天皇と民の大嘗祭』高森明勅　展転社　平成二（一九九〇）年
『大嘗祭　天皇即位式の構造』吉野裕子　弘文堂　平成二（一九九〇）年
『「食いもの」の神語り　言葉が伝える太古の列島食』木村紀子　ＫＡＤＯＫＡＷＡ　平成二七（二〇一五）年
他

※参照自著

『ヒルコ　棄てられた謎の神』河出書房新社　平成二二（二〇一〇）年
『神道と風水』河出書房新社　平成二五（二〇一三）年
『富士山、２２００年の秘密』かざひの文庫　平成二六（二〇一四）年
『諏訪の神』河出書房新社　平成二六（二〇一四）年
『縄文の神』河出書房新社　平成二八（二〇一六）年
『アマテラスの二つの墓』河出書房新社　平成三〇（二〇一八）年
『鬼とはなにか』河出書房新社　令和元（二〇一九）年
他

その他、多くの図書資料、映像資料等を参考としています。各々の著者・編集者に深く謝意を表します。

なお、自著引用は各テーマに相応しいよう適宜に省略あるいは改稿補筆しております。各論の詳細は当該各書をご参照ください。

また、本文中に引用されている記紀をはじめとする古文献の書き下し文および訳文は、とくに但し書きのない限りすべて著者自身による書き下しおよび訳によるものです。

戸矢　学（とや　まなぶ）

1953年、埼玉県生まれ。國學院大学文学部神道学科卒。

【主著】

『鬼とは何か　まつろわぬ民か　縄文の神か』河出書房新社（2019）
『東京ミステリー　縄文から現代までの謎解き1万年史』かざひの文庫（2019）
『アマテラスの二つの墓　東西に封じられた最高神』河出書房新社（2018）
『オオクニヌシ　出雲に封じられた神』河出書房新社（2017）
『深読み古事記』かざひの文庫（2017）
『縄文の神　よみがえる精霊信仰』（2016）
『神道入門』河出書房新社（2016）
『郭璞　「風水」の誕生』河出書房新社（2015）
『諏訪の神　封印された縄文の血祭り』河出書房新社（2014）
『富士山、2200年の秘密』かざひの文庫（2014）
『神道と風水』河出書房新社（2013）
『三種の神器　〈玉・鏡・剣〉が示す天皇の起源』河出書房新社（2012）
『ニギハヤヒ　「先代旧事本紀」から探る物部氏の祖神』河出書房新社（2011）
『ヒルコ　棄てられた謎の神』河出書房新社（2010）
『怨霊の古代史』河出書房新社（2010）
『氏神事典 あなたの神さま・あなたの神社』河出書房新社（2009）
『カリスマのつくり方』PHP研究所（2008）
『天眼　光秀風水綺譚』河出書房新社（2007）
『ツクヨミ・秘された神』河出書房新社（2007）
『陰陽道とは何か』PHP研究所（2006）
『日本風水』木戸出版（2005）　ほか

公式サイト『古事記』http//toyamanabu.jimdo.com/

縄文《じょうもん》の神《かみ》が息《いき》づく一宮《いちのみや》の秘密《ひみつ》

2019年9月24日　第1版第1刷発行

著　者　戸矢《とや》 学《まなぶ》
発行人　宮下研一
発行所　株式会社方丈社
〒101-0051
東京都千代田区神田神保町1-32　星野ビル2F
Tel.03-3518-2272 ／ Fax.03-3518-2273
http://www.hojosha.co.jp/
装丁デザイン　ランドフィッシュ
印刷所　中央精版印刷株式会社

ISBN978-4-908925-51-1